ベンチャー企業存立の理論と実際

小野瀬　拡 著

文眞堂

はしがき

　本書は，ベンチャー企業の存立について，次の事柄を解明することを目的とする。第一に，ベンチャー企業の存立に適している組織体はどのような性質を有するのか，という問題である。第二に，この組織体において，存立に適した性質を獲得または維持，保有するために企業家はなにをすればよいのかという問題である。第三に，以上の二点を含めた組織体は全体としてどのような性質を有するのか，およびそれに付随する諸問題である。中小企業の廃業率が低下してきているとはいえ，競争に耐え，生き残っていくことを志向するベンチャー企業が倒産してしまうことは，大量の失業者を生み，また貴重な技術の発展が途絶えることを意味する。

　筆者の本研究をはじめるきっかけとなったのは，ベンチャー企業の存立の研究とベンチャー企業の企業家の革新的事業への志向性についての研究がこれまでほとんど展開されていなかった点であった。このため，筆者は，ベンチャー企業の経営者である企業家や従業員といった組織構成員の望んでいない倒産を避けるべき悲劇としてとらえ，わずかでも貢献できるように研究を続けてきた。

　現在政府はベンチャー企業関連の支援をおこなっているが，多くは創業支援であって，増加する廃業率を食い止めるものではない。そのため，廃業率が開業率を上回る現状の問題の解決として，廃業率上昇を食い止める方法を模索する必要がある。ベンチャー企業の創業経営者である企業家は上記のような方策を意図しないが，結果としてそうしたよい効果を生み出すことにもなる。生存率が低いという背景からベンチャー企業の急成長よりもむしろ存立を優先したのである。

　特に，本書では一度成功したベンチャー企業が二度目に失敗する現象について注目している。それは，一度成功することは経済や社会に対しなんらか

の貢献をおこなうことができていたことであり，それが失敗することは損失となるからである。ベンチャー企業の存立は社会的あるいは経済的な損失を生み出さない点で重要であり，そこから経済発展や産業興隆につながる。

　ベンチャー企業が創業後も成長を遂げていくためには，不断に生じる外部の環境変化にその都度適応できるような組織体にすることが不可欠である。企業変革において組織文化論は，変革の妨げになる文化として展開されてきていた。しかし，組織文化を中心として考えると本書は，文化の核心にふれることはなく，むしろ表面的な要因にのみに注目して展開していることになる。

　本書は，第1章から第3章までがベンチャー企業存立の基礎理論をとりあげ，再構築しようとするものであり，第4章から第9章までが質問票調査およびインタビュー調査をもとにそれを補強したものである。基礎理論として，まず研究の対象であるベンチャー企業と，その存立の意義とを第1章において説明する。ここではベンチャー企業にかかわるキーワードである企業家などの説明にも言及する。次にベンチャー企業の失敗事例をみるためのフレームワークとなる組織成長の理論と組織文化論とを第2章で展開する。この理論的基盤から，ベンチャー企業の組織論的な存立について，キーワードとなる企業家の意思と従業員の意思についての説明を第3章においておこなう。第4章において，仮説を構築し，2004年5月におこなわれた質問票調査の結果から実証をおこなう。第5章，第6章，第7章，第8章，第9章は，インタビュー調査に基づくケーススタディである。質問票調査では，普遍的なインプリケーションを得られる反面，具体的な状態を説明するには説得力を失ってしまう。その逆にケーススタディでは，特定企業を深く調査することができる反面，普遍性に欠けてしまう。本書では両方を同時におこなうことによって，相互補完しようとするのである。第10章においてインタビュー調査の結論，全体の総括，および本書における知見と含意をあらわし，今後の研究課題を提示することによってむすぶ。

　本書は，2005年度，東洋大学大学院経営学研究科に提出して博士学位論文となった「ベンチャー企業の存立に関する経営学的研究―企業家の意思を

中心として─」に基づいて書かれた。その後，テーマを絞り，文章の修正や再度の推敲をお願いし，結果として大きく修正することとなりできあがったものが本書である。

　本書ができあがるまでには，実に多くの方々のご協力があった。

　まず筆者の東洋大学博士後期課程入学より主指導教授を引き受けてくださった東洋大学大学院経営学研究科教授の小椋康宏先生にお礼を申し上げたい。先生は経営学的見地から，本来の目的から外れそうな時にはご指摘くださり，また論文提出の寸前までご指導くださった。そればかりではなく，筆者の未熟さゆえに失敗し，苦しんでいる時にはいつでも励まして下さった。同研究科教授の松行康夫先生には副指導教授を引き受けてくださり，いつも幅広い知識からの鋭い指摘と丁寧な説明によって，視野の狭い筆者を導いてくださった。同じく副指導教授の中村久人先生には，結論における重要なご指摘をくださり，表記のチェックやスムーズな英文和訳についてもご指導をくださった。

　青山学院大学の学部時代には経営学の世界へいざなってくださった立石義明先生，東洋大学大学院の博士前期課程では研究者としての基礎的な土台を築いて下さった主指導教授であった斎藤弘行先生，同じく副指導教授であった柿崎洋一先生にもお礼を申し上げる。そしていつも示唆に富んだ指摘を下さった東洋大学経営学部・同大学大学院経営学研究科の先生方に厚く御礼申し上げたい。

　2006年4月からの現職着任により，九州産業大学経営学部の先生方からも貴重なご意見を賜り，また，はじめての出版ということもあり多くのアドバイスを受けることができた。先生方からは本書のみならず，公私を問わないあらゆる面でご支援を賜っている。多忙を極める時期であったにもかかわらず，新米である筆者に多くの時間を割くことを快く引き受けてくださったことは特筆すべきことであり，心よりお礼申し上げる次第である。

　さらに，筆者の研究について，貴重な時間を割いて快くご協力くださった方々に心よりお礼を申し上げたい。インタビュー調査にご協力くださった企業の方々からは，親切に対応くださり，極めて有益なお話をしてくださっ

た。質問票調査においては，質問票に特に自由記入欄を設けてなかったにもかかわらず，余白のほうに，激励の言葉や有益なコメントを記入して下さった企業が多くあった。

　以上の方々の絶大なご指導やご協力がなければ本書は完成しなかった。ここに再度お礼申し上げる。しかしながら，本書の中に誤解や誤記，問題等がある場合には，それらを解決できなかった筆者にのみ責任があることを明記しておく。

　出版事情の厳しい折にもかかわらず，絶大な御配慮をいただいた文眞堂社長　前野眞太郎氏，前野弘氏，前野隆氏に心から感謝申し上げます。

2006 年 11 月 16 日

小野瀬　　拡

目　次

はしがき

第 1 章　ベンチャー企業の存立 …………………………………………… 1
1　はじめに ………………………………………………………………… 1
2　ベンチャー企業とはなにか …………………………………………… 2
　2.1　「ベンチャー企業」用語の黎明 ………………………………… 2
　2.2　ベンチャー企業の定義 …………………………………………… 4
3　企業家と企業家活動 …………………………………………………… 6
　3.1　企業家とはなにか ………………………………………………… 6
　3.2　企業家活動とはなにか …………………………………………… 9
4　ベンチャー企業の存立の意義 ………………………………………… 10
　4.1　ベンチャー企業の存立とはなにか ……………………………… 10
　4.2　技術の散逸 ………………………………………………………… 13
　4.3　組織に注目する意義 ……………………………………………… 14
5　小括 ……………………………………………………………………… 14
　5.1　テーマ設定 ………………………………………………………… 14
　5.2　仮説検証について ………………………………………………… 15

第 2 章　ベンチャー企業の成長と組織文化 …………………………… 18
1　はじめに ………………………………………………………………… 18
2　ベンチャー企業の成長 ………………………………………………… 18
　2.1　企業の段階的成長 ………………………………………………… 18
　2.2　企業成長の進化モデル── Greiner の諸説を中心に── ………… 20

2.3　ベンチャー企業の成長— Timmons の諸説を中心に— ………… 24
　　2.4　ベンチャー企業成長段階理論— Flamholtz の諸説を中心に— … 27
　　2.5　ベンチャー企業の成長における組織的特徴…………………………… 28
　3　組織文化論の展開……………………………………………………………… 29
　　3.1　文化とはなにか…………………………………………………………… 29
　　3.2　経営学分野の古典にみられる文化的思考……………………………… 30
　　3.3　経営学における組織文化論の起源……………………………………… 32
　　3.4　組織文化論の確立………………………………………………………… 32
　　3.5　文化論の進展……………………………………………………………… 33
　　3.6　文化論の見直し…………………………………………………………… 34
　4　小括……………………………………………………………………………… 35

第 3 章　企業家の意思と従業員の意思 …………………………………… 40

　1　はじめに………………………………………………………………………… 40
　2　ベンチャー企業存立の現状…………………………………………………… 41
　　2.1　生存率と企業価値評価…………………………………………………… 41
　　2.2　企業家の独断……………………………………………………………… 42
　3　ベンチャー企業の組織の特徴………………………………………………… 46
　　3.1　ベンチャー企業と企業家………………………………………………… 46
　　3.2　小規模企業における組織………………………………………………… 46
　　3.3　ベンチャー企業に特有の文化要因……………………………………… 47
　　3.4　第二の事業展開に対する意識…………………………………………… 48
　　3.5　企業成長理論との関連…………………………………………………… 48
　4　フレームワーク提示…………………………………………………………… 49
　　4.1　企業家の影響……………………………………………………………… 49
　　4.2　革新的事業への志向性…………………………………………………… 49
　　4.3　企業家の意思の強力化…………………………………………………… 51
　　4.4　組織の集権と分権………………………………………………………… 51
　5　ベンチャー企業における企業家の意思の変容モデル……………………… 53

	5.1	変容モデル………………………………………………………	53
	5.2	モデルの説明…………………………………………………	54
	5.3	時間経過………………………………………………………	54
6	小括	………………………………………………………………	56

第4章　ベンチャー企業の存立のための要因……………… 57

1	はじめに……………………………………………………………	57
2	企業家の意思と文化………………………………………………	57
	2.1　失敗要因としての企業家の意思……………………………	57
	2.2　文化という用語の問題と対処………………………………	58
3	仮説提示……………………………………………………………	59
	3.1　ベンチャー企業の存立のための仮説………………………	59
	3.2　企業家の意思をめぐる仮説…………………………………	59
	3.3　従業員関連の仮説提示………………………………………	61
	3.4　仮説の総括……………………………………………………	63
4	調査方法とサンプル………………………………………………	64
	4.1　仮説の支持と棄却……………………………………………	64
	4.2　標本の抽出と採集……………………………………………	64
	4.3　尺度と諸条件…………………………………………………	66
5	測定結果……………………………………………………………	66
	5.1　質問項目記述統計量より……………………………………	66
	5.2　経営状態記述統計より………………………………………	68
6	仮説検証……………………………………………………………	69
	6.1　企業存立に関する項目の仮説検証…………………………	69
	6.2　従業員の意思とグラフィカルモデリング…………………	71
7	小括…………………………………………………………………	78
	7.1　支持された仮説………………………………………………	78
	7.2　重要な発見事実………………………………………………	80
	7.3　調査上の問題…………………………………………………	80

第5章　ケーススタディ：F社
　　　──創業間もないベンチャー企業── …………………………… 85

1　はじめに ……………………………………………………………………… 85
2　F社概要 ……………………………………………………………………… 87
　　2.1　会社概要 ……………………………………………………………… 87
　　2.2　事業内容 ……………………………………………………………… 88
　　2.3　健全な財務体質 ……………………………………………………… 90
3　企業家の人物像 ……………………………………………………………… 92
　　3.1　M氏の人物像 ………………………………………………………… 92
　　3.2　F社の組織構造 ……………………………………………………… 95
4　小括 …………………………………………………………………………… 96
　　4.1　ベンチャー企業の下位文化 ………………………………………… 96
　　4.2　重要なインプリケーション ………………………………………… 97

第6章　ケーススタディ：S社
　　　──グローバルに活躍する翻訳企業── …………………………… 99

1　はじめに ……………………………………………………………………… 99
2　S社概要 …………………………………………………………………… 100
　　2.1　グループ概要 ……………………………………………………… 100
　　2.2　会社概要 …………………………………………………………… 101
　　2.3　社長K氏とS社の経緯 …………………………………………… 103
3　翻訳事業の概要 …………………………………………………………… 104
　　3.1　ドキュメントの翻訳 ……………………………………………… 104
　　3.2　翻訳支援ツールとインフォメーションマネジメント ………… 104
4　存立のための要因 ………………………………………………………… 107
　　4.1　グループ会社との連携 …………………………………………… 107
　　4.2　組織のフラットさ ………………………………………………… 108
　　4.3　人件費の対策 ……………………………………………………… 111

4.4　失敗からの学習 ………………………………………… 111
　　　4.5　独立の維持と今後の展開 ……………………………… 112
　5　小括 ………………………………………………………………… 113

第7章　ケーススタディ：日本オートランニングシステム社
——法制度の変化に対応する福祉関連企業—— … 115

　1　はじめに …………………………………………………………… 115
　2　日本オートランニングシステム社概要 ……………………… 116
　3　日本オートランニングシステム社の組織的概要 …………… 117
　　　3.1　障害者を有する組織 …………………………………… 117
　　　3.2　取締役による民主的組織 ……………………………… 118
　　　3.3　企業理念の浸透 ………………………………………… 118
　　　3.4　イノベーションの創始 ………………………………… 119
　4　企業存立のための要因 ………………………………………… 119
　　　4.1　法律の改正が企業存立に与える影響 ………………… 119
　　　4.2　社内体制の確立 ………………………………………… 122
　　　4.3　サービスの変容 ………………………………………… 123
　　　4.4　今後の展開 ……………………………………………… 124
　5　車椅子製造の技術 ……………………………………………… 125
　　　5.1　座位保持に対する注目 ………………………………… 125
　　　5.2　企業理念：「障害者の社会参加」 …………………… 126
　　　5.3　付加価値を追求する多品種少量生産 ………………… 127
　6　小括 ………………………………………………………………… 127
　　　6.1　企業家の意思との関連 ………………………………… 127
　　　6.2　イノベーションの創始と企業理念 …………………… 128
　　　6.3　安定化の途上 …………………………………………… 129

第8章　ケーススタディ：ダイナトロン社
——顧客満足の理念とリーダーシップ—— …………… 132

```
  1  はじめに ……………………………………………………………… 132
  2  ダイナトロン社概要 …………………………………………………… 133
    2.1  業務概要 …………………………………………………………… 133
    2.2  社長概要 …………………………………………………………… 134
    2.3  プリント基板市場概況 …………………………………………… 135
  3  プリント基板 ………………………………………………………… 135
    3.1  プリント基板とはなにか ………………………………………… 135
    3.2  プリント基板の作成 ……………………………………………… 137
    3.3  ガーバーデータ編集システム …………………………………… 139
  4  存立のための要因 …………………………………………………… 141
    4.1  組織構成員の決定 ………………………………………………… 141
    4.2  現金商売と月次決算 ……………………………………………… 141
    4.3  顧客満足 …………………………………………………………… 142
    4.4  組織の集中と分散 ………………………………………………… 143
    4.5  失敗の経験の重要性 ……………………………………………… 145
    4.6  今後の展開について ……………………………………………… 145
  5  小括 …………………………………………………………………… 146
    5.1  民主的な組織とカリスマ社長の存在する組織 ………………… 146
    5.2  企業存立についての知見と重要なインプリケーション ……… 147
```

第9章　ケーススタディ：フィーサ社
——企業存立に貢献する発明家社長—— ……………………………… 149

```
  1  はじめに ……………………………………………………………… 149
  2  フィーサ社概要 ……………………………………………………… 150
    2.1  会社の概要 ………………………………………………………… 150
    2.2  フィーサ社の新製品 ……………………………………………… 151
  3  フィーサ社の沿革 …………………………………………………… 151
    3.1  人物像と創業 ……………………………………………………… 152
    3.2  静電気除去機 ……………………………………………………… 154
```

3.3　ランナレス成形技術から現在へ……………………………155
4　ホットランナ成形装置「プラゲート」……………………………157
　　4.1　企業理念とランナレスとの関係……………………………157
　　4.2　プラゲートの特徴…………………………………………158
　　4.3　ノズルの作動原理…………………………………………158
5　小括…………………………………………………………………161
　　5.1　企業家の意思のつよさ……………………………………161
　　5.2　経営課題とイノベーション活動……………………………162
　　5.3　財務関連の存立のための対策……………………………163
　　5.4　企業存立のための開発活動………………………………164

第10章　仮説検証の考察……………………………………………166

1　はじめに……………………………………………………………166
2　質問票調査…………………………………………………………166
　　2.1　調査概要…………………………………………………166
　　2.2　仮説検証…………………………………………………167
3　インタビュー調査……………………………………………………169
　　3.1　標本抽出…………………………………………………169
　　3.2　標本概要…………………………………………………169
　　3.3　ケーススタディの概要……………………………………170
　　　　3.3.1　F社………………………………………………170
　　　　3.3.2　S社………………………………………………172
　　　　3.3.3　日本オートランニングシステム社…………………173
　　　　3.3.4　ダイナトロン社……………………………………175
　　　　3.3.5　フィーサ社…………………………………………177
　　3.4　インタビュー調査からの重要な事実発見…………………178
4　従業員とはなにか…………………………………………………179
　　4.1　想定された従業員の意思…………………………………179
　　4.2　支持された従業員の意思と民主的な組織………………180

4.3 従業員の能力とその育成 ………………………………………… 180
  4.4 従業員についての基本的な理解………………………………… 182
  4.5 ベンチャー企業とは何か ………………………………………… 183
5 ベンチャー企業の存立に関する諸事実 …………………………… 184
6 むすび………………………………………………………………… 185
  6.1 テーマと重要な事実……………………………………………… 185
  6.2 実践的インプリケーションと研究課題………………………… 187

参考文献……………………………………………………………………… 190
索引…………………………………………………………………………… 202

第1章
ベンチャー企業の存立

1 はじめに

　本書は，次の三つの事柄を解明することを目的とする。第一に，ベンチャー企業の存立に適している組織体はどのような性質を有するのか，という問題である。第二に，この組織体において，存立に適した性質を獲得または維持・保有するために企業家はなにをすればよいのかという問題である。第三に，以上の二点を含めた組織体は全体としてどのような性質を有するのか，およびそれに付随する諸問題である。

　ベンチャー企業倒産回避は，ベンチャー企業の経営者である企業家にとっては重要な課題であるが，一方で，わが国において1986年より企業の廃業率が開業率を上回っており[1]，この問題はきわめて重要である。これに対して，ベンチャー企業を多くおこせばよいという考え方もあり，現実として，諸機関によって行われている政策の多くは創業支援が中心となっている。しかし，ベンチャー企業は存立することによって，それらが保有する新技術開発を十分に発揮して産業に寄与することができるために，いかにして残すかという問題もまた重要なのである。

　以上の問題意識から，本書の目的の達成のため，ベンチャー企業の存立に関する組織的な諸問題の用語の基礎的な知識および，存立の意義について論及することが必要となる。第1章ではこれらの必要性に応じるために，第一に本書における「ベンチャー企業」とはどのようなものかを企業家（entrepreneur），企業家活動（entrepreneurship）といったキーワードとあわせて説明する。ベンチャー企業に限定されたことではないが，この研究領

域においては用語が多岐にわたっている。筆者が取り扱う対象について誤解を招く恐れがあるために，基礎的かつ常識的なことではあるが，説明することとする。第二に，問題意識となっているベンチャー企業の生存率の低さという現状から存立の意義について説明し，展開の上でもっとも重要となる三つのテーマを提示する。

2 ベンチャー企業とはなにか

2.1 「ベンチャー企業」用語の黎明

第一に，本書のキーワードである「ベンチャー企業」の理解をこころみる。およそ革新的な技術を有していて，小規模で，その経営者が企業家と呼ばれる場合の多い企業体がベンチャー企業である。語源をたどればベンチャー（venture）とは，「『おそらく』といった感覚」という意味のイタリア語およびポルトガル語の"ventura"に由来している。この用語には，なんらかの利点や利益を得るために損失や損害のリスクをとることが第一の意味であり，副次的意味として，企業体としてのベンチャー，ベンチャーキャピタルといった意味がある[2]。

したがって，ベンチャー企業を語義どおりに考えると「リスクが高く生き残る確率が低い企業」を意味する。このような状況の下，「ベンチャー企業の存立」をテーマとする本研究は，一種のオキシモーロンととらえかねない。しかしながら，筆者はベンチャー企業には存立のための何かがあるはずであると考える。なぜなら，事業の新規性や革新性に伴う失敗の確率と安定的な経営に伴う成功の確率が直線的対極の関係であれば，ベンチャー企業は単に偶然性にのみ支えられ，そのほとんどが理由なく倒産[3]し，少数が理由もなく生き残っていくことになるという極めて不自然な結論になるからである。実際に倒産する企業にはなんらかの特徴が存在すると多くの指摘がなされているために，存立についてのなんらかの要因が，経営の局面のどこかに潜在していると考えるのが筆者の立場である。

わが国においては,「ベンチャー・ビジネス」と「ベンチャー企業」との二つの用語が存在している。ビジネス（事業）と企業との相違は機能と形態との区別に起因する。しかし松田（1998）が「ベンチャー企業（VB)」と使用しているように「ベンチャー・ビジネス」イコール「ベンチャー企業」の関係で理解されているのが一般的であり,「ベンチャー・ビジネス」イコール「ベンチャー事業」という意味では使用されることはめったにない。二つの用語が存在し, 意味もほぼ同義のように思われるが, 本書では「ベンチャー企業」に統一することにしている。これには, 近年一般的に使用されるようになってきたということ, ユニットであるということを重視する研究であるということとの二つの理由がある。「ベンチャー・ビジネス」という用語でも一つの企業形態を指す用語であることから,「ベンチャー企業」のほうが, 企業類型上のものとして理解しやすい。また, 先述のとおり,「ベンチャー」とはリスクをとることを指したり, ベンチャー・キャピタルを指したり, その投資を指したりするように意味が極めて多様である。

　経緯的にみると, 二つの用語「ベンチャー・ビジネス」および「ベンチャー企業」のうち, 最初に我が国で使用されたのは「ベンチャー・ビジネス」であって, いつの間にか「ベンチャー企業」という語が一般的に使用されるようになった[4]。

　「ベンチャー・ビジネス（venture business)」という用語および概念が日本に急速に広まったのは, 1971年12月に発行された清成忠男, 中村秀一郎, 平尾光司による, わが国におけるベンチャー企業の最古の文献『ベンチャー・ビジネス　頭脳を売る小さな大企業』によるものである。この文献によると, 1970年5月, 第2回ボストン・カレッジ・マネジメント・セミナーに参加した佃近雄によって紹介された「ベンチャー・ビジネス」という用語は, その後, 1970年末から71年にかけて, 清成, 中村の両氏によりその研究がおこなわれ, 先述した著書の完成となるのである。じつは, この時点で,「ベンチャー・ビジネス」という用語法はもともと米国のものではなく, 和製英語であったということを説明している[5]。

2.2 ベンチャー企業の定義

　先述した『ベンチャー・ビジネス　知識を売る小さな大企業』において清成忠男，中村秀一郎，平尾光司の三氏は「単なる投機的事業にとどまらず，企業家精神を発揮して展開された新しいビジネス」（清成・中村・平尾，1971，10頁）と定義した。三者で概念規定をまとめあう以前の清成のもともとの定義は，「研究開発集約的，またはデザイン開発集約的な能力発揮型の創造的新規開業企業」（清成・中村・平尾，1971，10頁）であった。このように，ベンチャー・ビジネスは企業体としての意味合いが先に考えられ，次に事業としての意味合いが重視された。

　その後，米国におけるベンチャー企業の実態調査をおこなった清成（1984）は，先にあげた誤解に鑑み，ベンチャー企業（原書では「ベンチャー・ビジネス」）を「重化学工業化の成熟段階に登場する知識労働の投入度の高い創造的な中小企業をいう。その特徴としては，企業家（entrepreneur）がリスクを負って創造の所産を企業化するという点をあげることができる。」（清成，1984，32-33頁）と規定した。ここではベンチャー企業の現在の一般的な理解となっている企業体としての意味合いが強くなり，同様に企業家とベンチャー企業との関係が説明されている[6]。

　比較的新しい研究では松田（1998）の定義である「成長意欲の高い起業家に率いられたリスクを恐れない若い企業で製品や商品の独創性，事業の独立性，社会性，さらに国際性をもった，なんらかの新規性のある企業」（松田，1998，17頁）がある[7]。

　松田（1998）によれば，この要素を全て含有するものが典型的なベンチャー企業であり，定義の半分の要素を備えている企業もベンチャー企業であるとしているため，規定の範囲はきわめて広い。キーワードは，「リスク」，「若い」などであり，「社内ベンチャー」などと区別するために，事業の独立性という点も指摘されている。それは柳（2000）の説明による「企業革新型ベンチャー」と一致する。

　井上（2002）がベンチャー企業の定義を年代別に体系化しているが，数少ない文献だけでも多くの定義が存在する。それらの研究では各々「この本で

は」「この論文では」という前置きがあり，それぞれの論調に合致した定義がなされている。そのため，すべての用語についていえることかもしれないが，統一された「ベンチャー企業」の定義は無いのである。

このように統一されたベンチャー企業の定義がないということは日本に特有の現象ではない。斎藤（1997）は，英語圏でも統一された概念がなく，多くの語義があることを指摘している。そこでは，ベンチャーそれ自体がベンチャー・キャピタル，新規性，リスクとして理解されていることなどについての説明から，「ベンチャー自体の説明が狭い範囲の探索としても見出せないのには驚かされる」（斎藤，1997，48頁）という記述がある。

このように様々な解釈があり，現状は統一された定義がないために，本書におけるベンチャー企業を定義しなければならない。このことは，多義語の程度に拍車をかけざるを得ないことも含む。以上の諸定義から次のような共通のキーワードをあげることができる。

a) 規模が中小である企業。
b) 独立している企業。
c) 企業家が存在する企業。
d) 知識的，開発的である企業。
e) リスクをおそれず成長する企業。

したがって，本書におけるベンチャー企業の定義は「高い成長意欲を持った企業家によって，従来にはない新しい商品，経営スタイルを開発もしくは実行する独立した小規模企業」と定義するが，今後の展開では以上の点のいずれかが該当しない企業をもベンチャー企業として取り扱う場合がある。

ベンチャー企業の期間的，もしくは規模的範囲についても明確な定義がなされていない。斎藤（1997）は「ベンチャーといっても新規事業の開始またはそれ以前の準備に含まれる活動に当たっての資金に関連している事もあり，事業が企業としてある期間経過すれば（期間は不定，相対的）ベンチャーではなくなるとする解釈もできる」（斎藤，1997，48頁）と説明し，

対象が明らかになりにくいことを指摘している。この期間が不定ということは，その事業の業種にもよるだろうし，具体的にある特定期間を過ぎれば，もしくは，ある特定の規模に到達すればベンチャーでなくなるというものではない。

　ベンチャー企業の語義の曖昧性から，範囲の規定は困難である。本書も特定の規模を設定するものではないが，これは実証研究の利便性を考えてのことである。後述する質問票調査の標本抽出台帳として使用されたものは2004年度版の『ベンチャー企業年鑑』である。ここでの基準はきわめて曖昧で，資本金が何円以内，従業員が何人以内，設立から何年以内といった具体的な基準を設けていない。この台帳に記載される基準は「株式公開していない企業」「メディアに紹介された企業」「売上高や利益を2年以上連続上げ続けている企業」といったものであって，具体的な規模の基準は存在しない[8]。

　この標本抽出台帳の性質によって，多くの批判に対応できるような基準を設けることはできない。しかし先に示されたように「株式公開していない企業」「メディアに紹介された企業」「売り上げや利益を2年以上連続上げ続けている企業」の三点は参考にすることができる。

3　企業家と企業家活動

3.1　企業家とはなにか

　今まで様々な使用がおこなわれていた企業家について本質的な研究をしたSchumpeterによって，経済学のなかにイノベーションとその担い手である企業家という位置づけが明らかになった。現在でもイノベーション，企業家に言及する時には，まくらことばのようにSchumpeterの名前が使用される。彼の研究は多くの企業家の特徴，機能を述べているが，清成（1998）の要約によれば「革新者，新結合を遂行するもの」であって，これが近年ベンチャー企業と結びつけて使用される「企業家」の定義の基礎となっている。「新結合（neue Kombination）」とは発展のための生産手段であり「新しい生

産物または新しい品質の創出と実現」「新しい生産方法の導入」「産業の新しい組織の創出（例えばトラスト化）」「新しい販売市場の開拓」「新しい買い付け先の開拓」によって見出されるものである。こうした新結合の遂行を行う者であり，革新の担い手が企業家（Unternehmer）であるとしている。企業家類型は創意（Initiative），権威（Autorität），先見性（Voraussicht）などによって特徴付けられるとされているが，これらは企業家概念を得る手助けとなる。

現在使用されている企業家には，この無縁性をプラス面に解釈し，画期的な新製品を開発する者，すなわち革新者というよりは革新的技術を取り扱う会社の経営者のようにとらえる傾向がある。

近年の日本において，ベンチャー企業経営の研究における企業家とは，「ベンチャー企業の経営者」であり，「ベンチャー企業の創業者」であるという意味が強くなっている。またリスクを負うということについても言及されている場合がある。たとえば，松田（1998）は起業家（企業家）を次のように定義している。

「環境変化やビジネスに対するリスクをギリギリまで計算しながら，新規の成長領域を選択し，高い緊張感に長期的に耐えながら，高い志（夢・ロマン）や目標を掲げ，果敢に挑戦するリーダーシップの強い自主・独立・独創型の創業者」（松田，1998，17-18頁）

この説明は「ギリギリ」や「高い緊張感」といったような表現があるように，リスクや意欲的な面を強調した概念定義である。これらが，既存の社会理念である「危険なことはしない」に対をなすものであり，社会との無関係性が指摘されている[9]。

最近では先に述べた松田のように「起業家」と記す場合が多くなってきているが，本書では，比較的多く用いられてきたという理由と，新規開業の後に企業を運営するという本来の意味が存在することから，ベンチャーの中心的存在である entrepreneur/Unternehmer を「企業家」と訳し用いることに

する。近年使用されるようになってきた「起業家」は，いつ誰が使用し始めたのかはわからないが，1980年代半ばすなわち第二次ベンチャーブームの終焉ごろであると推測できる[10]。いつのまにかベンチャー企業の経営者は「企業家」であるということが前提とされるようになった。

　また，企業家のリスクを負って革新的な志向を持つという性質についても，本来の企業家の意味からみると異なっている。もともと，企業家とは経営者と資本家という両面を合わせた概念である。近年使用される企業家のこのような用法について，先述の「起業家」とあわせて，辻村（2001）の興味深い指摘がある。

　「『企業家』概念が『起業家』にラベル換えして取り上げられることが多く，後者などは"言語的インフレ"状態にあると言えなくもない。（中略）企業家概念は一般に『企業家＝①経営者＋②出資者』という図式で捉えられ，①によって企業家は単なる資本家（無機能資本家）とは異なる。また②によって，自己資金提供者故に『失敗すれば…』というリスク・テイカーであることから経営者と別概念にされる」（辻村，2001，13頁）

　頻繁にみられる企業家定義のうちの「リスクを恐れない」とはそもそも出資をしているからであって，元来「ベンチャーキャピタルに株式を保有されている企業家」という表現はありえない。しかし最近では新結合，イノベーションなどにリスクをおそれず挑むという別の意味合いが強くなってきた。

　所有形態についてのいくつかの点が次のように提示される。近年では株式を所有していようといまいと，米国のマネジャー概念によって事業を遂行する中心者が企業家として展開される（斎藤，1972）。一方ドイツにおいては，Granick（1962）によって明らかなように，企業家は企業の所有者であることが条件とされている。

　しかしそうであっても，現実に「ベンチャー企業」という語が題名に入っている著書，論文では企業家という用語が使用されている。確かな理由につ

いては解明されていないのであるが，それまで使用されてきた企業家の概念と類似した人物がベンチャー企業を経営するケースが多く，その経営者を企業家と呼ぶようになったと考えられる。本書においても「ベンチャー企業の経営者は企業家である」という慣習に従い，ベンチャー企業の主体となる企業家の本書での定義を「企業家とはベンチャー企業の経営者である。高い成長意欲を持ち，リスクを引き受け，革新的ななにかをおこなう人物である」とする。

この定義では，ベンチャー企業の経営者であることが重要視されている。最近のベンチャー企業研究の一般的な説明に沿うように，その人物が出資者であるかどうかは問わないこととする。したがって，リスクを引き受けるとは，出資金のことではなく，経営の局面のあらゆる不確実性を受けるということである。革新的ななにかとは，先端技術あるいは革新的な手法を用いた製品やサービスもしくは画期的な経営手法を含む。

3.2 企業家活動とはなにか

本書では，entrepreneurship の訳語を「企業家精神」ではなく，企業家の創造的な「活動」である「企業家活動」と訳して用いる。この用語について若干の説明をするが，頻繁に「企業家精神」と訳されることが多い。しかし，entrepreneurship は厳密には精神上のことよりも，むしろ企業家の活動一般を指す言葉である[11]。

以上のように多くの概念規定をしてきたわけであるが，この定義が絶対であるということではないことをあらためて明らかにしておく。以上の文脈でキーワードを定義してきたことは，本書の内容を明確に把握するためのひとつの作業である。内容を整理すると，本書での定義は以下のようになる。

a) ベンチャー企業：「高い成長意欲を持った企業家によって，従来にはない新しい商品，経営スタイルを開発もしくは実行する独立した小規模企業」であるとする。

b) 企業家：「ベンチャー企業の創業者であり経営者である。高い成長意

欲を持ち，リスクを引き受け，革新的ななにかをおこなう人物」であるとする。

c) 企業家活動：「企業家の創造的な活動」であるとする。また，通常「企業家精神」と訳される entrepreneurship のことである。

4　ベンチャー企業の存立の意義

4.1　ベンチャー企業の存立とはなにか

　ベンチャー企業が倒産することは，① その企業に勤務する全ての従業員が職を失う，② 関係者が被害をこうむる（連鎖倒産など），③ 技術が散逸し産業が停滞する，ということにつながる。このことはベンチャー企業のみではなく企業に通じることであり，またすべてのベンチャー企業に限ったことではないが，高度な技術を有するベンチャー企業の倒産は，③ において極めて甚大な損失をうみだすこととなる。

　本書では「存続」という用語をあえて使用せず，「存立」という用語を使用している。この用語のニュアンスは，「あるものが極端な衰退がなく継続していくさま」というものである。ベンチャー企業には，革新的な技術をもって急成長するという一般的性質がある。そのため，ベンチャー企業の存立とは，「創業してから成熟するまでの成長のプロセス」という意味になる。ベンチャー企業における資源が乏しいという背景から，企業の内部や外部の問題が，極端な衰退を招くような問題となりうるので，英語でいう"continuation"というよりも，"survival"に近いものがある。簡易的な用語にすると，この一連の研究は「生き残りに適したベンチャー企業の組織」の研究といったものである。

　存立という用語は，経営学というよりはむしろ経済学として使用されてきているようである。小宮山（1941）は，中小工業の存立の諸形態を著した。ここでいう「中小工業」という用語は，筆者の研究内容からみたときに，現在の「中小企業」と置き換えても応用がきく[12]。また，小宮山（1941）の

いう存立とは「存在」という意味に近いと考えられる。それは,「存立形態」として大きく独立形態と従属形態という二つの局面をあげ展開している点と,それが存在しているがゆえに区別が必要であるとする小宮山 (1941) の立場からうかがい知ることができる。この流れから,経営形態と存立形態をいくつかに分類したのが黒松 (1952) である。ここで使用された存立もまた,存在するという点に重心が置かれている。

関東学院大学経済研究所調査研究班 (1956) は,「わが国中小企業存立の基盤」を研究課題として半原地域の撚糸業[13]を取り上げている。その問題意識は,中小企業が過酷な状況にあるために,どういった対策をするかというものである。その結果として,半原地域の撚糸業においては,前近代的な門閥と経営者との関係がつよいことが中小企業存立の温床となっていることを指摘している。このように,存立の条件を探る研究はこの時代に存在していたのである。

中内 (1977) は中小企業の存立条件についての説明をしている。特にここでも企業が存在することについての条件として提示している。

> 「通常,中小企業の『存立条件』といわれているものは,中小企業が広範に存在し,且,増加さえしている,その存在と増加の条件として理解してよいであろう。したがって『存立条件』は『存続条件』と『新生条件』にわけられる」(30頁)

この説明によれば,存立とは,「存在する」ことと「増加する」ことという二つの点をもっているということになる。中内 (1977) によると,大資本は小資本を打ち負かす,すなわち,人員も資金も豊富にある大企業は中小企業を打ち負かすはずなのに中小企業が存在しうるのはなぜか,ということが中心的テーマとなっているようである。さらに,この経済学的説明では,存立とは大きく見た上で中小企業が存在し,増加しているということがテーマとなっている。

また一方では,佐竹 (2000) のように,中小企業の存立と政策とを絡み合

わせる研究が非常に多くみられる。この場合,「中小企業を多く残す」ということのなかに,事業が変わらないまま継続していくことと新生との二つの意味合いがある。しかしながら議論は前者のほうに傾く傾向がある。多くは経済学的視点に立った研究であり,通常政策との関連で展開され,「産業保護」,「企業支援」といったキーワードがならぶ。

　企業の存続という用語を使用し大型流通小売業のケースからアントレプレナー的企業を分析している吉岡（2003）は最初のプロセスを「起業」とし,続いて「成長」,「発展」,「存続」と想定している。ここでは「存続」という用語が使用されている。具体的になにをもって「成長」,「発展」,「存続」としているのかは記されていない。なぜなら,吉岡（2003）はこれまでの成長理論に対して,自社がどれほど成長したのか不明であるという点で批判的だからである。

　ところで,法令的な意味合いにおける企業の「存続」について,筆者の想定するものと相反する「会社更生法の申請・適用」というものがある。これは,会社を存続させるために債権者の了承を得ながら,会社の再建計画を立案し,裁判所の認可をもらって会社再建をおこなっていくものであるが,経営陣の退陣が条件となっている。これは致命的な失敗をしてしまい,なおかつ経営陣が追い払われてしまうわけであるので,筆者の防止する事象のひとつとしてみなしている。また,会社が致命的な失敗によって縮小し,活動していないのと同じ状況もまた防止する事象のひとつとしてみなしている。この会社更生法に関する事柄が存在するために,本書のテーマを「ベンチャー企業の存続」とするといくつかの点で矛盾した状況になるのである。

　以上の説明から,ベンチャー企業が極端な衰退がなく継続していくことを,「ベンチャー企業の存立」と定めた。経済学的にはそれは多くのベンチャー企業が残り増加することを示すが,経営学的にはまずベンチャー企業が残っていくことに注目する必要がある。それは,近年の開廃業率をみればわかるとおり,開業率が増えても廃業率が下がらなかった現状があるからである。本書は,そのための経営組織論的なものを探求していくものである[14]。

4.2 技術の散逸

　ベンチャー企業には革新的技術がキーワードとなっているが，これをめぐる問題であり，産業全体に悪影響を及ぼす「技術の散逸」という事象に注目する。唐津（1999）によれば，リチウムイオン電池の例から技術とは一度捨てると再生するのが極めて難しいと指摘している。日本の電池メーカーが開発したリチウムイオン電池にはケースから液が漏れ，電話が故障するという問題があった。原因は鉄製のケースにひびが入るということであったためケースをステンレスに変えることにしたが小型化が困難であった。このステンレス製ケースの小型化を成功させたのが，東京の従業員が6人しかいない小さな会社であった。この会社は20年前に金属製ガスライターのケースを生産していたが，100円ライターの出現で生産は中止していたがその製造技術だけは保有していた。その技術が今回のリチウムイオン電池に応用できたのである。このように企業が存立していくことは保有していた技術が別の領域で応用することもできるという可能性も持っているのである。

　逆にかつて米国の工作機械は，世界トップの座にあったが，日本にその座を譲ったことがあった。1980年代に，マネーゲームをよしとする風潮が米国経済に蔓延し，好況下で業績の高い工作機器メーカーを「マネーゲーム屋」が次々に投機の標的に据えて乗っ取りを進めていった。しかし，その後，景気が悪くなると，会社は工場などを切り売りしはじめ，メーカーとしてのノウハウをすっかり散逸させてしまった（唐津，1999）。

　マネーゲームによって技術が散逸することは経済全体に悪影響を与える可能性が高い。また付加価値を生み出す技術はなにも新しい原理の発明，発見である必要はない。すでに存在する原理を使って現実にモノをつくることの方が業務運営を効率化し，コストの低減につながる。技術を有するベンチャー企業が，倒産などによって技術が散逸することが，結果的に産業を衰退させることにつながるのである。ベンチャー企業を存立させることは失業者が出ないようにするだけではなく，産業興隆にも関わってくることであり，働く人間にとっても，経済全体にとっても重要なことなのである。

4.3 組織に注目する意義

ベンチャー企業の企業存立のためにはなにが必要か，どうすれば倒産を回避し企業を動かし続けていくことができるのか，というテーマを想定する。この場合，もっとも直接的な効果をもつものはカネである。倒産についてもっとも測定しやすいデータを財務諸表から得ようとすれば，「〜比率が悪い企業は倒産しやすい。よって〜比率に注目すべきであり，その対策をせよ」という説明が簡単に導き出せる。極端な例を想定すると，いくら組織内がバラバラで，技術開発が不調で，顧客が離れていても，どこからかカネがわいてくれば企業は存立していくことができるのである。

直接的原因となる財務論的な文脈で展開したほうが，たしかに説明力は高いかもしれない。このことはそれらの研究が提示する R^2 値などを見れば一目瞭然である。しかし「財務状態が悪くなれば倒産する」「カネがなくなれば倒産する」というのはあまりにも当然過ぎる答えのように思える。筆者は結果として存在する財務諸表の前に存在しうる原因としての組織的要因に注目している。いいかえれば「なぜ財務状態が悪くなったのか」を追究するのが本書で取り扱うことなのである。

このように組織論的な原因系に注目していくことは倒産にたいする直接効果とはなりえないが，倒産やそれに近い状態にならないように企業を安定化させ，存立し続けるような状態に近づくことができる可能性をもっている。倒産に近い状態とは，たとえば，法制度の観点から企業体としては残っているが，資金が回らず営業しておらず，実質的に死んでいるような状態のことである。もちろんこのような状態も本書では避けるべき事態としてとらえている。

5 小　括

5.1 テーマ設定

ベンチャー企業の存立の意義の概要が，以上のように説明された。ベン

チャー企業が倒産することは，① その企業に勤務する全ての従業員が職を失う，② 関係者が被害をこうむる（連鎖倒産など），③ 技術が散逸し産業が停滞する，ということになるのである。これらを解決するため，ベンチャー企業の存立を考える必要が存在する。本書は経営学的にベンチャー企業の存立を，企業家を中心とした組織論の説明から展開していく。以上のことから，本書で取り扱う中心的で実践的なテーマは，次のことである。

本研究のテーマ
 a) ベンチャー企業の存立のための組織的な要因とはなにか。
 b) 企業家は企業存立のためにどのようにすればよいのか。
 c) 組織全体としてどのようなものが存立に有効なのか。

これから展開することは，上記三点を中心にしたものである。特に企業存立を中小企業という広い枠組みではなく，ベンチャー企業にしぼることによって，それがなす技術的展開に重要性が生まれる。大企業でもイノベーション活動はおこなわれているが，ベンチャー企業発の高度な技術を有した製品・サービスは多数存在する。また，そういった技術が世界水準である事例などは枚挙に暇がない。

また，諸外国のベンチャー企業と比較するわけではなく，本書は専ら日本のベンチャー企業を研究の対象としている。その主旨として，我が国における産業興隆や経済活性化，失業率上昇を食い止めることにあるので，特に文化も制度も異なる諸外国について言及する必要がないと考えたためである。それは本書が文化的視点を有していることに由来している。

5.2 仮説検証について

以上のテーマをもとに，目的となっているベンチャー企業の存立のための要因を探っていくことにするが，ここでとられる方法論は概して次の二段階である。第一に，いくつかの既存の文献にあがった学説やケースをもとに，ベンチャー企業の存立のための仮説を構築する。第二に，この仮説検証のた

めに，質問票調査，インタビュー調査をおこない，実証することとする。

しかし本書で取り扱う内容は抽象度が極めて高く，調査が困難で，すべてのベンチャー企業において，「なにかしらをすればするほど，かならずその分だけ存立の可能性が高まる」というものではない。しかしながら，「多くの例外を含むが，概してなにかしらをすればするほど，かならずその分だけ存立の可能性が高まる」という事柄を説明することは可能である。得られる説明には一般性が重視されるため，多くのサンプルを投入する必要がある。これに対応する方法として，多くのベンチャー企業に質問票を配布する質問票調査をおこなう。その仮説が支持されたとして，質問票調査のようなワンショットな調査方法では事実の深層にたどりつくことはできない。そのために，その企業ではモデルで提示された各要因がどのように関係しているのかどうかを確かめるために，インタビュー調査をおこなうこととする。

このようにして得られた結果を提示することによって，ベンチャー企業の存立を考える企業家に資することができ，ひいては失業率の減少や新技術の開発によって，社会に貢献することができる。また経営学への貢献としては，ベンチャー企業研究，経営組織論に新たな側面を提示することができる。

注
1) 中小企業庁（2003）84頁のデータによる。現在廃業率はわずかに下がってきているのだが，廃業率が開業率を上回っているという状況はいまだに改善されていない。
2) Simpson & Weiner (1989) Vol.XIX, pp.520-521 を参照した。動詞にもリスクを取るという意味がある。
3) 周知のとおり，「倒産」という言葉に法律的な定義はない。任意整理，自己破産，和議，会社更生法適用申請，会社再生法適用申請，銀行の取引停止処分，破産などがある。もちろんこのような区別によって存立の要因の差があるわけではなく，ある事象をした結果がこれらのことにつながるという理解であるため，「経営に失敗して死んだ状態」を倒産ということとする。会社再生法によって現経営陣が残って存続するような事象も基本的に避けるべき事柄としてとらえている。なお主権を奪われるという意味で，M&A されてしまう事態も避けるべき事態と考えている。
4) 松田（1996a）12頁より。いつ「ベンチャー企業」が使用されたかは明確ではないが，NDL-OPAC によると，最初に「ベンチャー企業」という記事が見出されるのは，西田耕三（1972）「ベンチャー企業の誕生と発展（緑蔭セミナー・難問への挑戦）」『中央公論経営問題』第11巻，第3号，126-147頁であり，存在自体は1970年代初頭からあったとみられる。しかし本格的に多くの人物に使用されるのは1983年以降（第二次ベンチャーブーム以降）である。

5) 清成は 1984 年，米国においてベンチャー・ビジネスの実態調査を行なっている。その後，『組織科学』において中間報告としての論文を発表している。清成はベンチャー・ビジネスという用語は和製英語であって米国で一般的に用いられているわけではないと言明している。もともと「ベンチャー・ビジネス」という用語は，米国で研究開発集約的な中小企業を指す用語として一般に用いられているという誤解のもとに，通産省の佃近雄氏が 1970 年に導入されたものである。また，ここでは米国では Venture Business という用語法が全く存在していなかったことを確認した。その上で当時のわが国に登場しつつあった知識集約的な新しいタイプの中小企業に着目しこの用語を採択して，独自の概念構成を行なったことを明らかにした（清成，1984, 32-33 頁）。
6) 清成（1984）は，特に知識労働の投入度がきわめて高く（知識集約的）であり創造的であるという点を挙げて，通常の中小企業との差別化をはかっている。
7) 「起業家」という用語は近年多くの文献に見られるが，一般には「企業家」と同意で "entrepreneur" の訳語である。最近ではこのようにベンチャー企業の中心的存在である "entrepreneur" を「起業家」とする場合が多くなってきている。ここでは，比較的多く用いられてきたという理由と，創業の後に企業を運営するという本来の意味が存在するという理由とにより「企業家」を用いている。
8) 出版社である日本経済新聞社への筆者の電話での問い合わせによる。
9) その他，占部（1974）は "entrepreneur" あるいは "Unternehmer" を「企業者」と訳している。占部の使用する「企業家」という用語には第一に「企業者（entrepreneur）」と「雇い主」という二つの意味がある。このうち "entrepreneur" に相当するものとして「企業者」を用いている。つまり，もともとの意味としてはそれほど乖離していないものの多様な定義があり，しかも翻訳すると「企業家」「起業家」「企業者」という 3 つの漢字が存在するのである。
10) 朝日新聞のデータベース「聞蔵」によると，はじめて「起業家」が登場するのは，1986 年 1 月 3 日朝刊（東京）の 9 面である。1980 年代半ばから使用されるようになったと解釈したのはこのためである。
11) このことは清成編訳『企業家とはなにか』の前書きに詳しい。なお，西田（2002）は「企業家能力」と訳し用いている。
12) 実際には小宮山（1941）のいう中小工業のなかには手工業やマニュファクチュアなどが含まれることになっているので，差異はある。あくまで活動するなにかが生き残るということに重点をおいたために，応用がきくと考えた。
13) 半原地域とは，2005 年現在の神奈川県愛甲郡愛川町にあたる地域である。
14) 企業の存立における「新生」の側面についての重点が少し不足しているかもしれないが，こういった調査結果を発表することで，会社をおこそうとする人物が少しでも増えることによって，そこに貢献できるものと考える。しかしながら，それらの企業の創業者がどのように物事を考え，どのようにして会社をおこしたのかについてはさらなるインタビュー調査で補っていく必要があるだろう。

第2章
ベンチャー企業の成長と組織文化

1　はじめに

　第1章においては，ベンチャー企業とそれを取り巻くキーワード，および，ベンチャー企業の存立の意義について展開してきた。そこで指摘したようにベンチャー企業の存立は，ただ存在し残っていくのではなく，成長し成熟するというプロセスを含むものである。この成長過程において，組織的な変革が必要とされることを把握するために企業成長理論に論及する必要がある。次に重要なことは組織文化に関する事柄である。本書においては文化の本質を取り扱うわけではないが，これまで展開されてきた組織文化論の観点からは組織変革において重要な点が見いだされる。

　企業成長の理論のなかには組織文化論的な文脈が存在するために，これら二つの理論は相互に関連している。この関連する二つの観点から，ベンチャー企業の存立について注目すべき新たな視点が提供される。前章ベンチャー企業の存立の意義に続く本章は，研究枠組みをなすベンチャー企業の成長と組織文化とを文献調査を中心にして展開される。

2　ベンチャー企業の成長

2.1　企業の段階的成長

　ベンチャー企業の成長理論はライフサイクル（life cycle）によって表現されることが多い[1]。本章もこれにしたがい，ライフサイクル理論を中心とし

て展開してきた企業成長の研究の見地により，ベンチャー企業の成長を説明する。本来経営学においてライフサイクル理論自体はベンチャーを主眼において発展してきたわけではなく，製品や市場といったようなものなどで頻繁に使用される用語である。

ライフサイクルや段階にたとえられる場合が多い[2]。これらの研究では，おおよそ，① 企業は直線的に成長するのではなく段階的に成長するものであること，② それぞれの段階にそれぞれの対応すべき問題が生じること，③ 売上高や従業員数といった具体的な尺度は研究によって異なっていること，が特徴をなす。

ベンチャー企業はその飛躍的成長を特徴の一つとする中小規模の企業であるが，その成長はどのようなプロセスで移行するのであろうか，といった疑問が生じる。いわゆる「第二次ベンチャーブーム」とよばれていた時代が終焉を迎えようとしていた 1980 年代中盤に，奥村（1984）は Greiner（1972）のライフサイクルに触れて，ベンチャー企業の成熟期の対応を説明している。このようなベンチャー企業の成長理論に注目した研究の背景として，以下の興味深い指摘がある。

「組織成長に関する理論は長い間，経済学者，組織論者の間で関心の的であったが，理論としては十分な展開をみていないのが現状である。近年のベンチャー・ブームあるいは逆に成熟期に突入した企業の増加などから，理論的にも実務的にも新たな課題を提供するようになってきた（中略）そこで近年，『組織のライフ・サイクル理論』が登場した。これはある組織の誕生から成長，成熟，消滅あるいは再生というライフ・サイクルを分析しようとするものである」（奥村，1984，51 頁）[3]

松田（1998）によれば，いわゆる第二次ベンチャーブームは，ベンチャーキャピタルの過剰投資が注目点であり，投資されたベンチャー企業が設備投資を過剰におこない，円高不況とともにブームが終焉を迎えたものであった。このようななか，奥村（1984）の以上の指摘の背後にあるものは，ベン

チャー企業を残すにはどうしたらよいのかという問題についての理論的バックグラウンドを提示しようとするものである。

　この研究の背景は，いまから20年以上前のものであるにもかかわらず，本書の立場に近く，また現在でも応用できる理論であると考えられる。ベンチャー企業の倒産が顕著となった1980年代中盤においては，それらベンチャー企業がもつ意義に注目があつまった。それらの企業が倒産してしまうのは，企業の外部に不景気およびベンチャーキャピタルの過剰投資という原因があり，企業内部にはそれまでの経営慣行が通用しないという状況があった。このことは現在においてもほぼ同様のことが起こっているし，これからも起こりうるものである。そのためにベンチャー企業に応用できる企業成長理論について注目する必要があるので，いくつかしぼってそれらの研究の注目点を見ていくこととする。

2.2　企業成長の進化モデル— Greiner の諸説を中心に—

　成長理論は組織の生死の原因からその成長を段階的に捉え，その段階ごとに分析を加えていくものである。おおよそ，そのモデルは組織の規模をしめす縦軸と，組織の年齢をしめす横軸で形成されている。この理論を，順を追って説明する。ここでは，まず成長理論においてあらゆる組織論のテキストに紹介され，数多くの支持を得ている Greiner（1972）の説明に触れる[4]。次に，ベンチャー企業の成長についての説明がある Timmons（1994）および，Flamholtz（1984）の所説に触れる。

　多くの学説があるなか，企業成長理論のなかで有名な Greiner（1972）の研究は，組織が進化（evolution）と革命（revolution）とのプロセスを通して発展する（develop）ものとして，成長を論じている。「進化」は，組織の実践において，なんら主要な大変革が起こらず成長している期間のことであり，「革命」は，組織における大規模な混乱した期間のこととして使用される（Greiner, 1972, p.38）。

　もともと進化という用語は，不可逆的過程を意味する生物学の用語であって，停滞，衰退，倒産を伴う企業組織について適切ではないのかもしれな

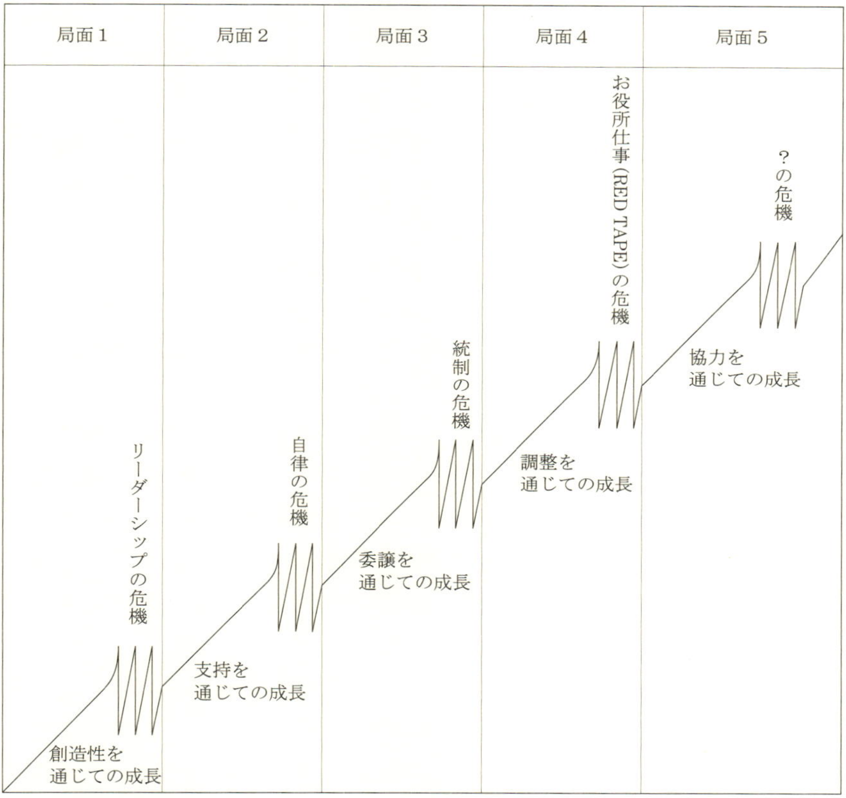

| 局面1 | 局面2 | 局面3 | 局面4 | 局面5 |

- 局面1：創造性を通じての成長 → リーダーシップの危機
- 局面2：支持を通じての成長 → 自律の危機
- 局面3：委譲を通じての成長 → 統制の危機
- 局面4：調整を通じての成長 → お役所仕事 (RED TAPE) の危機
- 局面5：協力を通じての成長 → ?の危機

縦軸：組織の規模（上：大、下：小）
横軸：組織の年齢（左：若い、右：成熟）

直線：進化期間
波線：革命期間

出所) Greiner (1972) p.41 より筆者作成。

図2-1　Greiner の成長の五局面

い。しかし，この用語はここから社会的（倫理的）に物事がすすむプロセスという意味，成長するという意味も持っている[5]。

　Greiner (1972) は，企業の発展段階を五つの局面に分類し，かつそれぞれの局面を穏やかで漸進的な組織変化である「進化」の過程と，本質的で

激しい組織変化である「革命」の過程とによって構成している。この第1段階（未熟期）から第5段階（成熟期）の分類は，企業が設立されてからの存続期間である年齢と，企業規模とを重要な規定要因としている。ある局面から次の局面に移るときには革命の時期を経験し混乱し，その後に緩やかな進化の時期になり成長し，また革命の時期を迎えるという段階的な成長がGreiner（1972）の理論の中核である[6]。

穏やかに「進化」する過程で，危機を生じさせる問題が生じる。これが引き金となり，危機を乗り切るための本質的で激しい組織変化である「革命」がおこる。この危機を乗り切るための一連の活動が，質的に異なる次の成長段階を創造しそれへの移行を促進することになるのである。

五つある局面のうち創業後の局面すなわち，局面1と局面2がベンチャー企業の存立を考える上で重要になってくると考えられる。第一に創業初期ということにその理由がある[7]。第二に，一度成功を収めるということは，何らかの危機的局面を乗り越えているという想定がある。一度困難を乗り越えるということは，それ自体が企業存立についてのなんらかの要因をなすということである。

まず局面1「創造性を通しての成長」と「リーダーシップの危機」に注目し，その特徴を見る。創業時には，強調点は製品と市場との両方を創造することにある。したがって，創造性に進化プロセスの特色があり，具体的には次の五つの特徴を見ることができる。① 創業者は，通常，技術志向か企業家志向を有し，マネジメント活動を軽視する。② 企業創業者の身体的，精神的エネルギーは新製品をつくり，販売することにつぎ込まれる。③ 従業員とのコミュニケーションは頻繁で非公式的である。④ 長い勤務時間は，控えめな給料と，所有者利益の期待によって報酬が与えられる。⑤ 活動の統制は直接的な市場からのフィードバックによりなされ，マネジメントは顧客の反応によってなされる（Greiner, 1972, p.41）。

頻繁で非公式的なコミュニケーションは組織内の人間が少数であることに由来しており，創業時には，これらの特徴が会社の存立のために必要である。しかし，このことが次の段階につながる前に障害となり，企業は局面1

の革命期間「リーダーシップの危機」と呼ばれる期間に移行する。企業が大きくなるにしたがい，マネジメントの大規模化は能率についての知識を必要とするようになり，従業員増加によって非公式的コミュニケーションだけでは管理できなくなるといった事態が生じる。それと同時に創業者は過去の栄光を追うように，かつてのビジネスモデルを再志向し，環境とのコンフリクトが強くなる（Greiner, 1972, pp.41-42）。

　局面1のこういった問題を解消するために，Greiner（1972）はこの段階に適したマネジメントやコントロールが存在するということを指摘した。これは局面1の成長時と相対するような事項であるが，企業成長時のビジネスモデルあるいは組織構造などが，ある段階まで成長すると障害になることを意味しており，その障害が企業存立に負の影響を与えるものと考えられる。

　局面1において，克服手段となったマネジメントおよびコントロールの導入は組織の公式化を意味する。局面2は，この公式的なコミュニケーションやマネジメントを通じて実施される。局面1の危機を乗り越えた会社は，能力のある事業担当マネジャーを地位につかせることによって，持続的成長期間にはいる。この期間に，機能的な組織構造が導入され，仕事の分担がより専門的になり，肩書きと地位の階級ができ上がり，コミュニケーションがより公式的で没人格的となる（Greiner, 1972, p.42）。コミュニケーションが公式的で没人格的になるというのは急成長に伴う人員の流入にその原因があると考えられる。公式化による成長もやがて，組織の下位組織構成員の自律性を失わせるようになり，次のような「自律の危機」という第二の危機が生じる。

　新しい指導技術は，能率的に従業員を成長させるのに役立つが，より大きく，多様で，複雑な組織を統制するには不適切となる。ロアーレベルの従業員は，集権化された階層によって制約されていることを知る一方で，トップが持つよりも市場傾向についてのより直接的知識を持つようになってくる。その結果，「手続きに従う自分」と「自らイニシアティブを取る自分」との二つの人物像を持つようになる。このようにして，ロアーレベルのマネジャーがより大きな自治を要求することによって「自律の危機」という期間に企業は移行する。

この期間における諸問題の解決法として権限委譲をすることになるが，以前には指示的であることにより成功していたトップ・マネジャーが，責任を放棄することは困難である。これに対して，ロアーレベルのマネジャーは，自分のための意思決定には慣れておらずその結果，多くの企業は，この革命期間中に苦しむことになる。創業者は集権化された方法に固執していくために，より多くのロアーレベルの従業員が幻滅し，組織から去ることになる（Greiner, 1972, p.42）。委譲の危機を克服する組織革新は下位組織構成員に権限を委譲し分権化することであり，具体的には，事業部制組織の導入などを挙げることができる。この時点になると，ベンチャー企業的な要素が失われ，大企業の特色をおびてくる[8]。

　企業成長の研究における各段階間の連結部分に注目すると，最初にうまくいったことがある時に失敗の原因になって，その対処法が次の成長につながり，その後は失敗の原因になるというループをたどっていることである。同様に，問題の対象が「マネジメント側→従業員側→マネジメント側」といった図式になる点も特徴である。

　Greiner（1972）の局面 1 での記述である「古きよき時代」（p.42）という言葉が示すとおり，企業家が一度目の成功をすることにより，それにしがみついて経営判断を誤るということが考えられる。このことが正しければ企業家が重要な役割を果たすベンチャー企業において，一度目の成功がなんらかの妨害要因となっていることになる。

　企業は段階的に成長するものであり段階ごとによって対応する内容が異なる。この背景をなす経営スタイルあるいは経営慣行や経営手法は，あるときは長所であるがあるときに短所となるもので，対応策によって成長することができても，次はその長所が短所に変わるものである。このことは創業者があるひとつの経営手法や経営慣行のみにこだわることの危険性を指摘するものである。

2.3　ベンチャー企業の成長── Timmons の諸説を中心に──

　ベンチャー企業の成長をみるためには，Greiner（1972）のようなあらゆ

る企業に共通するものだけではなく，ベンチャー企業に特有の成長について触れる必要があるだろう。ベンチャー企業研究者の Timmons（1994）は Greiner（1972）の成長理論を参考にしながらベンチャー企業の成長について説明している。これはベンチャー企業のマネジメントの変革理論であり，急成長と停滞それに伴う危機を経験し，S字型をした階段状の成長曲線を形成しながら成長するとする理論である[9]。

Timmons（1994）は，ベンチャー企業の成長を「スタートアップ期」「急成長期」「成熟期」「安定期」のプロセスに分類し，この四つの段階は時間と規模（売上高と従業員数）によって分けられ，各段階の境界線付近で企業が変革期を迎えるとしている。各転換期にそれぞれ特有の課題が生じ，したがって管理形態もそれに対応する必要がある。また企業家にとって最も重要なことは，企業が成長するにしたがって，経営管理を変化させていくことであるとも指摘している。

Timmons（1994）は成長曲線として，S字カーブをした図表で説明し，成

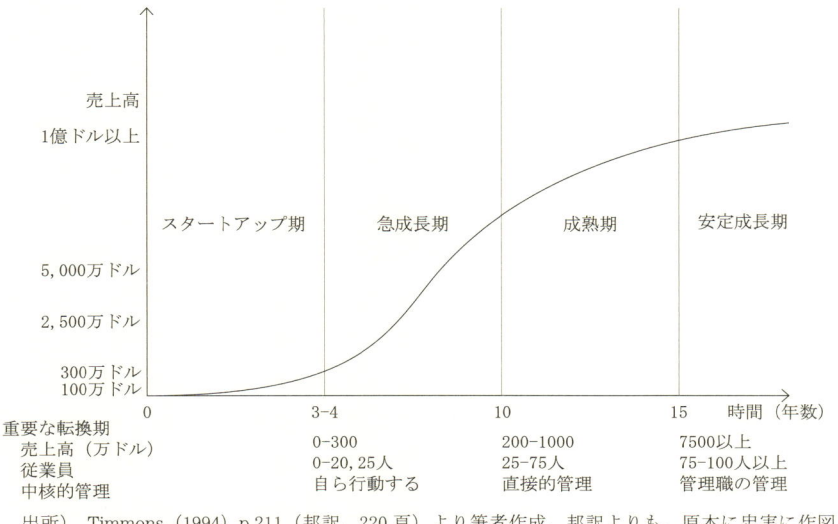

出所　Timmons（1994）p.211（邦訳，220頁）より筆者作成。邦訳よりも，原本に忠実に作図している。

図2-2　Timmons の企業成長モデル

功するベンチャー企業はかならず通る過程であるという点に注目している。各段階には売上高，従業員数，といったように具体的な数字もあがっている。しかしながら，Timmons 自身もこのモデルの限界性を認識しており，型にはまったように成長するわけではないことを意識している[10]。

通常スタートアップ期は創業から2年から3年（場合によって7年）に及ぶ期間である。この期間は最も失敗する可能性が高く，企業家とベンチャー企業経営チームの1人，または2人程度が，率先してそのエネルギーと才能を徹底的に発揮することに特徴がある。この時期には，顧客獲得，市場や収益，競争における弾力性を確保することが重要な課題となる。一方，投資家，銀行，顧客の信頼の獲得にマネジメントが意識を集中する時期でもある。成長の速度は一定ではないものの，通常は200万ドルから2,000万ドルの範囲である（Timmons, 1994, p.210；邦訳 221 頁）。

スタートアップ期の後に，その企業は急成長期となる。ここで「創業者にとって最も困難な挑戦的な課題は，この急成長期に生じるであろう」（Timmons, 1994, p.211；邦訳，221 頁）という重要な指摘があることが注目できる。この急成長に伴なう大きな転換の時期に，ベンチャー企業の倒産率が60％に達する。他の段階と同様，この期間中に生じる変化の度合いと急成長を持続できる期間は，ベンチャー企業の置かれた環境によって大きく異なる。それまで日常茶飯事に行使していた意思決定に関する権限や支配力を手放す必要性に気づくとき，最終的なリーダーシップと責任は放棄することなしに主要な権限委譲が必要になるときである[11]。

企業の成長において重要なことは，急成長期における意思決定の方法の変更である。意思決定の変更とは結果的にビジネスモデルの変更や組織構造や経営戦略の変化をもたらすものである。経営組織の変化の局面においては，意思決定の変更のためには組織構造の変革の必要があり，同時に権限委譲することにより，成長を遂げることができるともいえる。このことが真であるならば，権限委譲と組織変革とが，ベンチャー企業の成長には必要とされることになる。

急成長期が終了すると成熟期や安定成長期となる。ここでは成長よりも安

定した利益をだしつづけることが重要になる。この視点にたち，ベンチャー企業の存立をテーマにする本書において注目しなければならない事柄は，倒産確率の高いスタートアップ期と急成長期との二つの期間である。わが国よりも新規開業が盛んで，成功したベンチャー企業も多い米国においても，先述のようにベンチャー企業の倒産率が60％にのぼるという説明から考察すると，急成長期が困難なハードルであり，また，重要な位置にあるということを伺うことができる。

この成長についてTimmons（1994）は，権限委譲が必要であるとする重要な指摘をした。これまでの説明で，Timmons（1994）はGreiner（1972）に非常に近い理論展開をしているし，現に参考文献にGreiner（1972）があがっている。特に，権限委譲について言及している点が興味深く，それが急成長期を乗りこえるために必要なものとされている。Timmons（1994）の枠組みによる急成長期がGreiner（1972）の局面2に相当し，権限委譲の実行をポイントとしている点が共通している。これらの共通項をみると，リーダーが成功体験にしがみつき失敗をすることが多いので，それを防ぐために権限委譲がなんらかの手助けとなっている，ということが伺える。

2.4　ベンチャー企業成長段階理論—Flamholtzの諸説を中心に—

Flamholtz（1986）による成長段階理論には戦略論的見地が追加されている。彼は成長段階について論じる際に，「組織開発のピラミッド」という概念を使用して，主要なタスクを下から重要な順にピラミッド状に積み重ねたものを併用して説明している。このピラミッドは下から順に「市場の特定・定義」「製品・サービスの開発」「資源の獲得」「オペレーション・システムの開発」「マネジメント・システムの開発」「企業文化の管理」となっており，主要なタスクの変遷を描いている。これを成長段階ごとにあてはめ説明している（Flamholtz, 1986, pp.18-26）。

Flamholtz（1986）の成長段階理論は，Timmons（1994）と同じようにベンチャーに特化した成長理論であり，企業全体としては七つの段階があるとするものである。七つの段階のうち，ベンチャー企業の成長に該当するもの

表 2-1 Framholtz (1986) による成長段階

段階	概要	成長における重要開発分野	組織の概算規模（売上高ベース）
1	創業	市場の特定・定義，製品・サービス	100万ドル以下
2	急成長	資源の獲得，オペレーション・システム	100万〜1000万ドル
3	専門化	マネジメント・システム	1000万〜1億ドル
4	強化	文化	1億〜5億ドル

出所）Flamholtz (1986) p.32 より筆者作成。

が最初の4段階であり順に「創業」「急成長」「専門化」「強化」となっている（Flamholtz, 1986, pp.18-19）。Framholtz (1986) は段階ごとに異なる重要開発分野や戦略を論じている。なお，この段階を経て，ベンチャー企業は専門的企業になり，存立し続けることができる。

第一段階の創業の期間については，最初の二つの業務，市場の特定と製品・サービスの開発をおこなうプロセスであって，これら二つの業務は企業の存立に欠かせないものである。そもそも顧客の獲得や顧客に提供する製品・サービスがなければ企業は存在しえないのである（Flamholtz, 1986, p.32）。およそほとんどのベンチャー企業はこれらのことをビジネスプランとして設計し，すでに創業してしばらくたっている[12]。続く第二段階の急成長期間における経営課題は資源の獲得，オペレーション・システムの開発である。第三段階である専門化期間は急成長を抜け，変革を必要とする段階であり，経営課題はマネジメント・システムの開発である。

ベンチャー企業として最後の段階が，第四段階の強化期間であり，主要なタスクは「文化の管理」であるとする。Flamholtz (1986) は文化を価値，信念，規範と規定しているが，実際のところ行動様式から論じているのであって，厳密にいえば価値や信念，規範を文化としてとらえているのではない。むしろベンチャー企業の行動様式を中心に文化を捉えている，といったほうが正当である。

2.5 ベンチャー企業の成長における組織的特徴

以上の研究を総括すると，いくつかの共通点が見られ，ベンチャー企業の

成長にどのような現象が起こるかが明らかになる。特に注目できることは一度使用したマネジメントが次の段階では通用できなくなっている点が共通していることである。これらを総括すると，企業成長の研究では次のことに重点がおかれていることが明らかになる。

第一に企業は直線的に成長するのではなく革新を必要とする時期があるということ，第二に組織規模が急激に増大する時期があること，第三に一度成功したマネジメントが次の成長に繋がる段階には通用しないこと，第四に組織規模増大に伴いコミュニケーションやトップの意思決定に変化が生ずるということである。この四点がベンチャー企業の成長に関わってくる事象なのである。

第一，第二，第三の特徴は，この三つの研究だけでなくライフサイクル理論の研究者であれば，ほぼ指摘していることである[13]。特に第四の特徴は，Timmons（1994）やFlamholtz（1986）によって文化という言葉で説明されている。経営学において文化の研究は，比較的新しい研究分野であるとみなされがちであるが，実際にはさらに過去にさかのぼることができる。組織文化研究の主な特徴としてソフト面に注目が当てられ，そのことがベンチャー企業の存立について解決する鍵となりうる。逆に組織文化研究の主たる問題点は研究者ごとに定義が異なるということであり，そしてそれらが極めて多様に使用されていることである。次の節では，組織文化論についての大まかな流れを説明することとする。

3　組織文化論の展開

3.1　文化とはなにか

組織文化論を簡単に説明するテキストでは，ベストセラーとなったPeters & Waterman（1982）による『エクセレントカンパニー』（原題：*In Search of Excellence*）が紹介され，その他，Deal & Kennedy（1982）による強い文化論などが紹介される。1980年代初頭は組織文化論が注目された時代であ

るので，組織文化論を簡単に説明するにはそれ以降からで十分であるという指摘もあるかもしれない。しかし，多くのテキストが示唆するように，組織文化論はそれ以前から存在していたし，その背後にある文化とはなにかについて基礎的な知識を有していなくてはならない。ここでは1980年代以前の文化論に注目しておく。

　本章において組織文化をめぐる諸問題について説明する第一段階として，文化という語に注目する必要がある。OEDによれば文化（culture）とは，耕作する，栽培する，キリスト教信者，礼拝という意味のラテン語である"cultura"に由来する。したがって「礼拝」「耕作」「作物」などの解説が最初に上がる。一般に使用される文化に近いものは「精神，能力，礼儀などを教育や訓練によって発展させること」であったり，「文明や慣習」「文明の知的側面」であったり，「知的発展の一形態」というものである。その他「訴追行為」というものもある[14]。

3.2　経営学分野の古典にみられる文化的思考

　とくに飯田（1991）が指摘しているように，組織文化という用語が生み出される以前から，組織文化を意識した研究がいくつもある[15]。組織的な怠業を克服する工場管理という視点から管理の科学化を主張したTaylor（1911）は，いわば文化とは対照的な科学的な管理を考えていた，というように考えられがちである。しかし，Taylor（1911）は労働者を経済人としてとらえながらも，かならずしも労働者の人間性を軽視し，人間を機械的に取り扱おうとしたわけではなく，労働者が自分の能力を十分に発揮できないことは人間として不幸であると考えた。ここには，労働者と管理者の共栄の必要性とその実現性との二つの信念が大切であるという主張がなされている。その意味で近代経営学の祖といわれるTaylor（1911）の説明のなかに組織文化の根源を見出すことができる。

　次にTaylor（1911）と同時期のドイツにおける研究，すなわち経営経済学（Betriebswirtschaftslehre）をみてみることとする。経営経済学というほどなので，ドイツにおいては経済学的色彩が強い。大別すると，広く経済学

とは国民経済学（Volkswirtschaftslehre）と経営経済学との二つから，経営経済学は一般経営経済学（Allgemeine Betriebswirtschaftslehre）と特殊経営経済学（Spezielle Betriebswirtschaftslehre）との二つから成り立っている。Specht（1996）によれば，「経営経済学は『局面の学』である。つまり，その対象は経営における人間の行為の，ある特別な局面の経済的行為者という局面である」（S.6）となっており，経営における経済的行為という局面が強調されている。

Nicklischはドイツ経営学における重要人物であり，ドイツ経営学の展開を説明する上で欠かすことのできない人物である。当時の重要事項として，Nicklischが国民社会主義（Nationalsozialismus）に傾いていったことが挙げられる。特に，組織は共同体であるとするNicklisch（1920）のテーマは非常に注目を集めた。わが国においては，ドイツ経営学が強い影響を持っていたこともあり，現在に至るまで多くの著作によって説明されてきた[16]。

Scholz & Hofbauer（1990）はドイツ経営学において，すでにNicklischが文化性に注目していたという重大な指摘をしている。Nicklischは1922年に「資本ではなくて，労働の精神が企業の魂である」と説明し，企業のソフト面に注目していた。ここでいう労働の精神とは企業全体で有する各個人の共通の精神のことである。このようにドイツ経営学においても，文化性導入の課題はかなり古くからあったということが明らかになった。しかしScholz & Hofbauer（1990）の説明を待つまでもなく，Nicklishの代表的なキーワードである諸力の共同体に対する義務感はすでに各人の文化的で精神的な事柄の強調ということもできる。

近代組織論の祖と呼ばれるBarnard（1931）は，文化という言葉を用いてはいないが，現在の組織文化論と重なり合う部分を説明している。個人が社会生活を営んでいるところに相互作用が見られる時，一定の社会的習性の習得プロセス（社会的調整：social conditioning）などは，組織構成員間の相互作用をなす文化的コードとみなすことができる（p.40-45；邦訳，45-50頁）。

また，公式組織に対する非公式組織におけるパーソナリティ保持などは注目に値する。特に，特殊な人間密度に基づき形成される非公式組織などは，

1980年代中盤から注目された下位文化（subculture）概念に近いものがある（p.114；邦訳，124頁）。Barnard（1931）自身が組織を見ており，それを文化と呼ぶのかどうかについて迷いがあったのかもしれない[17]。

3.3　経営学における組織文化論の起源

　組織文化はホーソン工場の知見から展開したHomans（1950）および，グレーシャー社の研究から見出したJaques（1951）を祖として考えることができる。前者は経営学の範疇に入らないという指摘があるかもしれないが，報酬とそれが持つ規範の意味が強調されているため，経営学における組織文化論としてみることができる[18]。後者によれば，文化とは「思考と行動に関する習慣や伝統であり，程度の差はあれすべての構成員に共有され，受け入れられるために新しい構成員が学び，部分的に受け入れるべきもの」（p.251）であり，のちの組織文化理論の主流となる「共有された価値観」という定義の基礎となっている。

3.4　組織文化論の確立

　1950年代後半にはArgyris（1958）のように組織風土に関する包括的研究が実施された。風土と文化の相違点はまだ明らかになっていない時代であるために，Evan（1968）が，風土の概念を文化の要素や下位文化の概念と結びつけるという利点，および文化を信念，価値，規範であると意味づけた場合に，組織風土の定義の基盤としての文化概念が広すぎる，という指摘をした。

　1960年代になると「組織文化」という用語を用いて，この概念を解明しようとする試みが行われだした。Pfiffner & Sherwood（1960）は，構成員の知識，信念，芸術，道徳，法律，習慣およびその他の能力と習性を含んだ，個人を制約するシステムというソフト面を強調した定義づけをした。特徴的なのは，組織文化を全体社会の文化から影響を受けるという考え方と，組織をひとつの下位文化とみなすことを指摘した点であり，また企業がさまざまな下位文化の複合体であると同時に，社会全体の文化の影響をうけている点

に着目した点である[19]。

3.5 文化論の進展

1970年代になると「企業文化」という用語が使用されはじまった。これまで「組織文化」という用語のもとで研究が進むなか、Davis & Lawrence (1977) が「企業文化」という用語を用いた。後年、彼自身がそれまでの「組織文化」にかわって「企業文化」という言葉を用い始めたと説明している（飯田, 1991）。Davis が「企業文化」の創始者かどうかはともかく、経営学における組織文化を、あえて企業文化として使用しはじまったのは、この時代である[20]。

文化を意識的に変える必要性が訴えられ、文化変革の諸原理の解明に焦点が当てられるようになったのもこの年代である。たとえば、Silverzweig & Allen (1976) が、人間は文化をデザインする能力を持つと主張した。変革における経営者の役割、そのリーダーシップの必要性を論じたことが、これ以降、経営者論あるいは経営戦略論の観点に立つ文化研究が活発化する契機となった。

わが国では名東編 (1979) による『企業文化論の提唱』が出版された。企業文化の概念が米国でも一般化していない頃に、わが国において比較的早いうちにこのような文献があらわされたのは興味深い。

1970年代は、それまで概念の解明に重点が置かれていた文化研究が、次第に経営資源として意識されはじまった。企業を意識した「企業文化」という用語の登場と、変革することのできる、すなわち管理することのできるものとしての文化という意識がこのことを示している。

このように理論の基盤が完成した1980年代に経営学における組織文化論のブームが到来するのである。そのきっかけとなったのは、Business Week の10月27日号の "Corporate Culture : The Hard-to-Change Values that Spell Success or Failure" という題名の記事である。ペプシ社やAT&T社の事例が掲載され、文化が成功と失敗をわけるものであり、サバイバルにうちかつために文化に注目する必要があるといった内容である。1980年といえば、

後述するように Hofstede（1980）の代表的な多国籍企業の文化研究が公開されたときである。

　文化に関する研究は少なからずこの記事の影響を受けている。翌年，Pascale & Athos（1981）は日本型企業との比較によって文化を提示した。その翌年には，優良企業には独特の価値体系があることを指摘した Peters & Waterman（1982）はベストセラーにもなり，極めて有名な研究である。同年ベストセラーとなった Deal & Kennedy（1982）は，文化と成果とのあいだの関係を見出し，象徴に焦点を当てた文化論を示した。Ouchi（1982）は「セオリー Z」を打ち出し，米国とわが国の企業の長所を兼ね備えた企業像を文化の視点から提示した。これら文化論のブームにはそれまでの PPM のように計量的なものから定性的なものへの移行がみられる。これは当時競争力をもってきた日本企業への関心とあいまってブームが形成されたのかもしれない。

　多くのテキストでは，文化に関する研究の最初をこの文化論のブームの時期に合わせて説明し始まる。したがってあえてここでは飯田（1991）に基づきそれ以前の展開から提示した。その上で Homans（1951）も経営学における文化論にいれてもよいという見解を示し，一方では Nicklisch の説明もくわえた。文化論は，1980 年代に突然現れ，突然消えていった一過性のブームではなく，実に半世紀の歴史を有している理論のひとつである。

3.6　文化論の見直し

　組織文化論は現在トーンダウンしているか，あるいは過去の研究の批判などが主たる部分を占めている。辻村・岡田（1999）には次のような重要な指摘がある。

　「組織文化論が日本的経営論ブームの後を追うように，学界及びビジネス界において注目されるようになってから久しい。しかしながら，どうしたことか組織文化論は，これまた日本的経営論と歩調を合わせるかのごとくフェイド・アウトしかかっている。したがって，あれ程ヒート・アップした研究領域であるにもかかわらず，われわれは経営現象を有効に説明で

きる組織文化に関する分析枠組みを，依然手にしていない」(89頁)

このなかで,「日本的経営論と歩調を合わせるかのごとくフェイド・アウトしかかっている」という箇所については，先述したように，1980年代の文化論ブームに理由がある。米国においてブームとなったのは，当時競争力を有した日本企業と，不景気になった米国企業との比較によって研究がなされてきた（Pascale & Athos, 1981 ; Ouchi, 1982）ということに理由をあげることができる。

80年代後半ぐらいになると日本の景気に陰りが見え始め，同時に米国が景気を回復してきた。米国とわが国との関連で発達してきた文化論であったが，すでに述べてきたように次第に文化論ブームは去っていった。その後，組織文化研究のなかで注目されるようになったのは「文化とは何か」というテーマである。さらに近年経営学のみならず文化人類学や社会学でも注目されている解釈主義の勃興が注目されている。解釈主義のなかで問題となるのは，文化は変数ではないし機能するものでもない，とする見地である（Robertson & Swan, 2003）。このことは，質問票調査で文化は把握できない（すなわち大量の標本を採取できない）ということと，経営に役立つものとなりえないという二つの問題を意味する[21]。

以前ならば「文化」という用語を使用することは，経営のソフト面の把握に役立つと思われてきたが，現在においてかならずしもそうではない。もともと筆者は組織論的な立場で「企業存立に寄与するなにか」を明らかにすることを重要視しているため，文化よりは目に見える，あるいは感じ取ることができて機能するものを概念規定して展開しなければならない。

4 小　　括

ここではキーワードであるベンチャー企業の成長理論と，理論的背景である組織文化論の展開について説明してきた。成長理論において，ここにあげ

た研究以外にも，多くの研究が一度成功したスタイルが次の成長にはつながらないという説明が加えられている。

次に，組織文化論の展開について，それが基本的には80年代のブームから突然現れたのではなく，1950年代から数少なく研究されてきたことについて触れた。最近においては，この用語が議論の対象となっており，使用するのが困難であること，および文化の深層まで探ることが結果として企業の存立のための理論につながりにくい点を触れた。

企業成長理論もまた文化的な内容について触れているが，文化の表面的なことがらのみに注目した，文化とは異なるものから展開された理論であったことを把握することができた。純粋に企業組織における文化のみをみることができないということから，企業の存立を見る場合には，決して文化全般の領域から展開するのではなく，ある側面に注目して，仮説構築を図ることが重要である。この視点から，ベンチャー企業における企業家の革新的事業への志向性という点が第一に注目できる。

本書は文化の核心を展開するものではなく，むしろその表面にある事象を取り扱っていく。しかしながら，その表面的ななにかとは文化を反映した目に見えるものである可能性も高く，文化を含む可能性をも持っている。組織文化論の表面的な観点から展開するというこの観点から，続く第3章においては，革新的事業に対するとりくみの側面に注目し企業家の社内への影響について展開する。

注
1) 福田（2000）は，「企業成長にもっとも一般的な分析概念はライフサイクル・モデル（life cycle model）と考えられる」（57頁）と説明している。また，ライフサイクル理論の全体像として，次のような説明がある「特定の業界や製品市場の成長が，時系列的に一定のパターンを描く曲線により複数の期間に分けられ，業界や市場の競争特性が期間ごとに変化し，各期における定石的な競争戦略があらかじめ想定されるということが基本的な考えである。企業成長に関しては，ライフサイクルという概念を用いながらも企業成長は時間の経過とともに，一定方向に漸進的に進化するという狭義のライフサイクル・モデルにとどまらず，多様な成長パターンがモデル化されている」（71頁）と説明している。福田はライフサイクルを狭義と広義に捉えているが，そもそもライフサイクル理論には実に様々なモデルが存在し，単一の意味合いで使用することはできない。
2) このライフサイクル理論の初期の研究として，Lippitt & Schmidt（1967）の説明をあげるこ

とができる。Lippitt & Schmidt（1967）は，企業の成長段階を人間の成長にみたてて，誕生期（birth），少年期（youth），成人期（maturity）の三段階にわけて，それぞれの段階に個別の問題があって，それに対応できない企業組織には危機が生じるというものである。一連の理論の特徴となる成長の段階や段階の移行時における危機の説明がこの時点でなされていた。以降，Greiner（1972）や Adizes（1988）といった研究者に代表されるように，独自の研究が進んでいった。しかし，これらライフサイクル理論を唱える研究者達は，基本的にはベンチャー企業を中心に研究をおこなったわけではないということである。あらゆる組織の誕生から大企業にまで成長する段階を説明しているのである。ベンチャー企業の成長研究に適しているかということについては，いくつかの疑問があるかもしれない。しかしベンチャー企業も一つの企業組織であると考えれば，ライフサイクル理論を用いて論じることも不自然ではないし，応用できることも多いと考えられる。ベンチャー企業の成長を理解するために，特定の組織成長の理論を用いなければ把握することから遠ざかってしまうだろう。

3) 奥村はこの説明の後に，Greiner（1972）の理論をもとにベンチャー企業の成長を説明し，変化する対応についてベンチャー企業が考察する意義を主張している。

4) 福田（2000）奥村（1984）においても使用されている。また Timmons（1994）は参考文献として Greiner（1972）を使用している。

5) Greiner（1972）の使用する「進化」はこのように社会的な意味合いにおける物事のよい方向へと展開していくプロセスのことを示す。Greiner（1972）以外でも，様々な文献に進化（evolution）という語がおよそこのような意味合いで使用される。OED においては，おおきく①「外皮から広げる，開く，もしくは開放するプロセス」，②「戦術的な動き」，③「語源的意味で紡績機によってたくさん作る（rolling）こと」という意味が出てくる。特に使用される①の意味部類に生物学的な意味がある。「包み込んだものから開放すること」，「精神的視点から開くこと」，「長い間の物事の精錬から出現すること」，「包まれたものから現れるもしくは突出すること」などの意味から最近の倫理的な人間社会における社会的進化などが挙げられる。組織的な発展プロセスの一部であり，発展や成長の意味合いで使用されているということができる。多くの経営学文献にみられる進化という用語はこのような意味合いで使用されている。

　同様に生物学的な意味にも言及している松行・北原（1997）によれば，異質の原子が他からの力の作用によるのではなく，相互に情報を伝達しながら互いに接触し，糖，アミノ酸，有機塩基などといった生物的な特徴を持つ分子にまで変化し，それらが集まってタンパクなどへと，さらに細胞を超えて進む，発展→内旋→発展のように展開される不可逆過程（irreversible process）のことである（64頁）。

6) Greiner（1972）pp.37-46 より。このモデルは明確に規模と組織年齢を定義してはいない。

7) 第一の創業初期ということについては，もちろん他の組織にも該当する理論なので，ベンチャー企業にすべて適応できるとはいえないが，そのことについては既に了解済みである。

8) 以降の成長の各段階について，Greiner（1972）は次のように述べている。分権化が進むと第三の全体的な統制が失われるという危機が生じる。この局面において組織は本社に全体の調整をはかるために様々な調整専門スタッフを配して調整による成長をする。しかし，トップマネジメントは時として官僚的となり融通の効かない本社スタッフができ組織が機動性を失ってしまい，第四の危機であるお役所仕事（Red Tape）の危機になる。この危機に対応するためにマトリクス組織のような全社的協調体制を促すような組織が登場してくる。現代の大企業はだいたいこの段階であり，最後の第五の危機は疑問符をつけたままとなっている。

9) Timmons（1994）のこの著作の初版は 1977 年であるが，ここには成長モデルが提示されていない。なお，Timmons（1994）を引用する研究でよくあるのが「失敗は法則」というものであり，ベンチャー企業の存立追求の意義を貶めるようなものも散見される。しかし，Timmons

(1994) は法則の例外として本著を記しているために、ある程度の失敗は必要としながらも存立手段を考えているのである。それは倒産のような事態にならないことを意図したものである。

10)「ベンチャー企業の成長曲線が、この図にあるようなきれいなS字曲線になることは、現実の世界においては、ほとんど見られない。急成長した会社にとって、この『曲線』は実際には多くの浮き沈みで階段状になるはずである」(Timmons, 1994, p.210)。Timmons (1994) 自身もこの図形のとおりにはならない、このモデルの限界性に気付いている。しかし彼はむしろ、ベンチャー企業成長の必ず経験するであろう過程に注目している。

11) Timmons (1994) は電子レンジメーカーのリットン社の事例を提示する。「売上高が1,300万ドル、従業員275人の時点の長期事業計画で、5年から7年で1億ドルの売上高を達成(年率40％の成長)しようとした。営業部門のトップは、『過去2年間の市場調査の結果、目標を達成できない唯一の要因は、市場機会に合わせて組織が迅速に成長する能力に欠けることだと確信しました。』と述べた」(pp.210-211；邦訳、221頁)。市場機会にあわせた組織の成長あるいは変革が重要となる時点が存在するというエビデンスのひとつである。

12) 彼は具体例として、アール・シャイブ社の例を挙げている。アール・シャイブ社はそれまで満たされていなかった市場である自動車塗装ビジネスに着手し、「自動車塗装業者の権威」と呼ばれるまでになった。もっとも市場の特定と製品・サービスの開発はベンチャー企業のみならず、なにかしらの事業を開始する時には必要とされることである (pp.33-34)。Framholtz (1986) によるとアール・シャイブ社は「自動車塗装の王様」(kings of the no-frills auto paint job) と呼ばれる会社であった。1937年のロサンゼルスで塗装業を事業内容として、それ以外のことはやらなかった。このことが今までなかった市場を開く結果となり、会社が急成長し、株式市場に上場した。このあとドミノピザの例も出して、新規のビジネスの市場と開発について述べている。

13) 例えば Adizes (1988) も段階の数、組織の成長や死亡などのキーワードは異なるが、ほぼ同じことを主張している。Galbraith (1983) や Quinn & Cameron (1983) などの理論もほぼ同様である。これ以上詳細でかつ簡潔なライフサイクル理論の展開については福田 (2001) を参照されたい。

14) Simpson & Weiner (1989) Vol.IV, pp.121-122 より。OEDにはその他いくつかの用法が挙げられている。

15) ここで組織文化論の展開については飯田 (1991) に詳しく、本論もこれを大いに参考にしている。

16) たとえば、Brentano が私経済学 (Privatwirtschaftslehre) を金儲け論 (Profitslehre) と批判し、これに対し Nicklisch が、企業家も労働者もすべて共同体としての一器官であって、それぞれ義務意識をもつと反論した。この簡単な説明だけでドイツ経営学を説明するには不十分であるし、わが国との係わり合いとしても不十分であるが、一例としてあげた。

17) 飯田 (1991) は Barnard (1931) の文化的な要素として、道徳に着目している。公式組織が、信念などを発展させ、公式組織を自立的な道徳制度とさせる点について、この組織の道徳的なことが、通念上の道徳とは異なったものであることが組織文化の文脈に近い。組織文化論においても、その組織が独自に持つ価値観や信念といったようなもので説明される場合が多い。そのため、Barnard (1931) は文化という用語は使用していなくても、十分にこれらを意識していたといえる。

18) Homans (1951) p.125 (邦訳、138頁) による。しかし通常 Homans (1951) は経営学というよりもむしろ社会学的な文脈で使用される。

19) このほかに、飯田 (1991) は、次のような研究をあげている。実証的な異文化比較からマネジャーと文化の関係を明らかにした Haire、文化を変革に対する抵抗として位置づけた Juran、日米の文化比較からさまざまな含意を導き出した Whitehill、文化が生産性に及ぼす影響を指摘

したDubin，国家間比較に基づいて生産性における文化的制約を述べたDavis & Blomston，風土と文化の関係に言及したTagiuri & Litwin（1968），およびHutton（1969），文化の影響力を国際経営の視点からとらえたLongenecker（1969）などがこの時代の研究である。年号のふっていないものは未読であるが，この時代の文化に関する研究の関心が高まったことを指摘している。

20) 飯田（1991）は最も早く「企業文化」を使用したのは，Roy（1977）であると指摘している。その後，多国籍企業論の観点から，いち早く「企業文化」という言葉を用いたKolde（1974）は，各会社単位が持っている固有の組織文化を「企業文化」と呼んでいる。

21) この文化の説明のしづらさは近年の*Accounting, Organizations and Society*誌上で展開されたHofstedeとBaskerville（Baskerville-Morley）との論争をみると明らかである。

第3章
企業家の意思と従業員の意思

1 はじめに

　第1章においては，ベンチャー企業の現状とその存立の意義，第2章においては一連の研究の理論的背景をなすベンチャー企業の成長と組織文化の理論について展開してきた。この展開から本章では，日本のベンチャー企業の存立のために，どのような状況が望ましいかを明らかにすることを目的とする。本章は，ベンチャー企業の中心人物は企業家であるので，企業家の革新的な事業への志向性であり意思決定の中心をなす「企業家の意思」を中心に展開し，存立するベンチャー企業の組織の状態を明らかにする。

　本章の展開は，まず，ベンチャー企業の存立をめぐる現状を明らかにして，本書で注目するベンチャー企業とはどのようなものかを規定しておく。次に，ベンチャー企業の文化については，非常に浅く表面的な部分にのみに限定して展開する。したがって，本章において文化と使用した場合は，表面的なものであって，文化そのものの議論に立ち入っていないことをここで明らかにしておく。その後，本書を通してもっとも重要なキーワードとなる企業家の意思と従業員の意思について説明する。いくつかの事例を見てからこれらの諸要因がどのようにベンチャー企業の存立に影響するのかについてのモデルを提示し考察することとする。

2 ベンチャー企業存立の現状

2.1 生存率と企業価値評価

　日本においては1986年より企業の廃業率が開業率を上回り，失業者が増えてきている。日本ベンチャー学会では，この集計について見直しの必要性が主張されているが，これに対応するためには，ベンチャー企業を多くおこせばよいという考えがある。かつて米国では，増えすぎた世代人口の就業率をベンチャー企業の勃興によってカバーしたことに理由がある（Drucker, 1985, pp.1-16）。現在，政府は多くの創業支援をおこなっているが，それは廃業率を止めるものではない。理論的には，ベンチャー企業が生き残ればその分だけ失業者が減少するのである[1]。

　ベンチャー企業の企業価値評価という観点からベンチャー企業の存立を考えると，そこには大きくリターンの発想があり，存立自体は当然のこととされ，成長性に焦点が当てられている。ベンチャーキャピタルが特定のベンチャー企業に投資した場合，その企業の事業内容が収益性や安定性といった何らかの点で優れていると評価されたということである。したがって，いかなるベンチャー企業が存立し成長しうるのかを考える際，ベンチャーキャピタルの投資をみることが企業存立の要因を明らかにすることの一助となる。小椋（2005）は，2003年1月にベンチャーキャピタル各社に質問票調査をおこなっている（n = 51）。そこに提示された基準から，よいベンチャー企業とはどういったものかを見出すことができる。

　この調査のうち，企業価値評価ということについての質問に対する回答が示されている。「経験則（同業種比較・同規模比較等）」が非常に重要視されており（68.085％），「純資産法」（57.447％），「DCF法」（44.681％）とつづいている。複数回答可で，経験則が企業価値評価の方法の最上位にランクされているということは，何かしらの経験則と同時に使用されているということである。その方法とは，純資産法とDCF法であり，未公開企業であって

表 3-1　企業価値評価方法

選択回答項目	回答数	%
経験則（同業種比較・同規模比較等）	32	68.085
純資産法	27	57.447
DCF 法	21	44.681
利益乗数法（EBIT 乗数，EBITDA 乗数，PE 乗数等）	10	21.277
回収期間法	3	6.383
その他	8	17.021

注1）　n = 47.（未回答 4 で，複数回答可の質問項目である。）
注2）　その他には「時価総額」「将来性」「Exit Valuation」「IRR からの試算」といった記載があったという。
注3）　「オプション法」という選択回答項目もあったが回答した企業はなかった。
注4）　パーセンテージは回答数 47 を分母として算出。

出所）　小椋（2005）16 頁より順位・パーセンテージ等修正して筆者作成。

も株式の価値が重要視され，同様に，将来のフリーキャッシュフローと資本コストが重要視されていることがわかる。

　未公開のベンチャー企業であっても，企業価値を高めることは経営の根幹であると考えられるが，その際に重要となる要因が経営者である。同様に小椋（2005）は，「投資決定の際の判断基準として最も重視する項目」を単一回答させたところ，過半数の 28 社（54％）が「経営者の資質」であると回答している。このデータから伺うことができることは，ベンチャー企業において重要な鍵を握るのは経営者（企業家）である，ということである。次に，ベンチャー企業の存立に関しても，企業価値を追求することに関しても，重要な役割を果たす企業家の人物像をみることにする。

2.2　企業家の独断

　Schein（1985）の組織文化論の観点からみると，創業者は，概して組織構成員に対して強い影響力を与えるものである。従業員にとっての企業家は抵抗するには強すぎるため，逆らうことができない存在となる。そのため従業員は企業家に対して我慢することになる。なぜならば，企業家の成功は，

「リスクを乗り越え急成長することができたのは，自分の新規的なアイデアが正しかったから」と企業家に過剰な自信を抱かせ，従業員もそれを知っているからである。したがって，企業家の影響力が他の企業形態と比較して独断性が強い組織であるという想定ができる。たとえば以下の日本システムインテグレーション社の事例などは，このことを顕著に示すものである。

「日本システムインテグレーション」という名称を有する会社が2006年現在で確認されているが，この会社とは無関係であることを，ケースを説明する前に明らかにしておく。このケースで取り扱う日本システムインテグレーション社とは2001年4月に不渡り倒産をした会社のことである。

日本システムインテグレーション社はコンピュータの画像処理ソフトを取り扱う会社であり，大手ソフト開発会社の下請けが主な業務であった。社長のH氏はイノベーションの才能があり，独断性が強かった。H氏が腰痛のため入院した時に，脳の機能に障害をもつ患者に有効なリハビリ機器がないということから事業機会を見つけ，液晶ディスプレイが組み込まれたリハビリ機器「ハイパーセラピーⅠ」を完成させた[2]。

ハイパーセラピーⅠは話題を呼び，マスメディアから注目の的となり，ニュービジネス協議会の特別賞を受賞した。その後，同社はベンチャー・キャピタルから2億円の資金を調達できたのだが，2年が経ってもハイパーセラピーⅠは一台も売れなかった。このような状況になると通常の経営者は，採算の悪い事業から撤退することを決定する。しかし，H氏はそれでもなおリハビリ部門に力を入れつづけ，さらに性能を向上させた「ハイパーセラピーⅡ」の開発に着手した。リハビリ部門に調達してきた資金と売上を費やしつづけたH氏は古株の役員と対立してしまい，役員を追放してしまう。その後，過剰な設備投資から，負債が増加し，2001年4月に不渡り決算を出してしまう。

この事例は，画期的なイノベーションであっても，強力な企業家の意思により，独断に陥った失敗の事例である。H氏が従業員の要求を飲み込んで経営をおこなえば，急成長はなかったにせよ，大規模な負債を負うこともなかったと考えられる。

44　第3章　企業家の意思と従業員の意思

　ベンチャー企業をとりあつかう月刊誌『日経ベンチャー』の「破綻の真相」（旧「倒産の研究」）シリーズでは倒産企業のケーススタディが連載されており，日本システムインテグレーション社以外にも同様のケースが見られる。このように，ベンチャー企業の倒産には人的な要因がかかわっていることは明らかで，特に企業家がその中心的な役割をになっていることが伺えるのである。

　このように企業家が独断的に経営を展開する傾向があることを支持するデータが2004年度版の『中小企業白書』にしめされた。特にこの白書は高齢化社会を経営者に当てはめて展開し，人間は年齢が若く体力的・精神的にも充実しているときは新しいこと・未知のことにチャレンジできるが，年齢を経るにしたがって体力が衰え，考え方も保守的になるといった文脈で展開している。またすべての人間は老化するのであり，体力や能力の衰えは不可避である。人間である経営者も衰退化の途上にあるため，ある程度までは学習などにより成長し能力を向上させることができるが，ある時点から衰えていくものである。

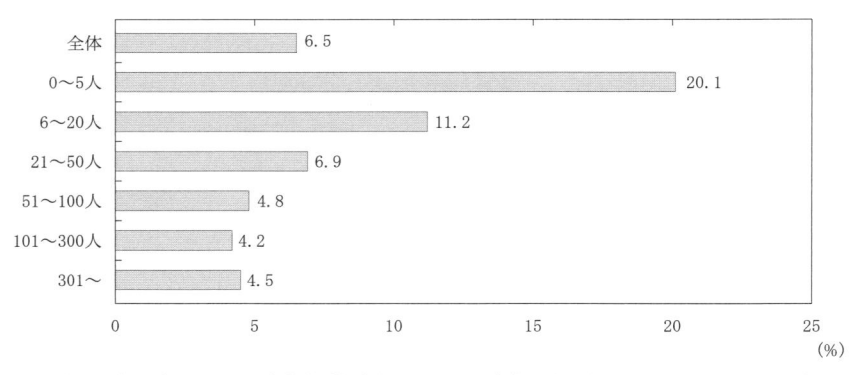

　図3-1は，「意見調整はおこなわず，代表者の意見を重視する」とする企

	(%)
全体	6.5
0〜5人	20.1
6〜20人	11.2
21〜50人	6.9
51〜100人	4.8
101〜300人	4.2
301〜	4.5

注1）　白書のグラフは中小企業庁「経営戦略に関する実態調査」（2002年11月）を基に作成されている。
注2）　「意見調整はおこなわず，代表者の意見を重視する」という質問に対する回答。
出所）　中小企業庁（2004）172頁。

図3-1　経営者の意思決定プロセス

業の割合である。特に5人以下の小規模企業において20.1％と高い割合を持っている。これは中小企業においては経営者が自らの判断で企業の方向を決定する場合が多いことを示している。しかし，本書で示されるような，一度成功した後のベンチャーが必ずしもそうであるということの証明にはならない。

以上のように考えると，ワンマン的なものがよろしくないようになるが，かならずしもワンマンが悪いわけではない。斎藤（1972）の見地から説明すれば，経営において自己中心性が民主的なものに反するとする批判がよく示されるが，それは，トップの有する能力がないということである。イデオロギーとしての民主主義にしたがうならば，自己中心性は最初から捨て去らねばならないのだが，経営者の所有する能力に基づく自己中心性は，あらゆる物質的なものを従属させ，従業員に指示することができるものといえる。

どれほどよい技術をベンチャー企業が保有していても，その技術を保有する人物，部署が別々に機能していたのでは効力が減殺されることは疑いがないのである。したがって，マネジャーの有する「自己中心的，物質優先的なリードする能力」が第一に認識される。ワンマン的経営は批判される点が多いとしても，経営を運営するには「ワンマン的」にならざるをえないことが多いと考えられる。ワンマンには悪い意味は含まれておらず，マネジャーがどのようにワンマン的に自己の経営，部門，それらを含めた環境領域から受け入れられるか，容認されるかといった点のみが，ワンマン性を決定するものとなっている（斎藤，1974）。ワンマン性を与えているのは相互の信頼であり，マネジャーの地位はこのようなパワーによって基礎づけられているのが現実である。

このような斎藤（1974）の見地から考えれば，経営を実践するにあたっては，ワンマンでなければならない箇所がかならずでてくるともいえる。いわゆる企業家のリーダーシップがこれに部分的に合致するように思われる。もしこのことが真であれば，ワンマンで倒産する会社とそうでない会社がでてくることになるので，会社運営にはなにかしらの性質を有したワンマン経営者がベンチャー企業の存立を決定するものと考えられる。

3　ベンチャー企業の組織の特徴

3.1　ベンチャー企業と企業家

　第1章でも触れたとおり，ベンチャー企業とは小規模でなんらかの新規性があって，企業家によって率いられている企業である。多くの研究が社内ベンチャーにも触れているが，ここでは，独立型のベンチャー企業のみに注目している。ここから考えると「独立」「小規模」「新規性」「急成長」「企業家」という五つの要因が，ベンチャー企業の組織の特徴づけをなす。

　第1章において説明してきたように，現在の企業家の概念とは，ベンチャー企業の経営者であり，創業者である場合も含んでいる。その人物像は具体的にはリスクを引き受け，革新的で，リーダーである人物というものというものである。企業家の精神的な面を注目した松田（1996）は，「高いロマンにリスクを感じながらも果敢に挑戦し，自己実現を図るために，独立性，独創性，異質性，さらに革新性を重視し，長期的な緊張感に耐えうる」(12-13頁) といった人物像をみている。ここでも，リスクを有するという意味が大きく解釈され，そこから独立性，異質性，革新性といった鍵概念が提示されている。このように企業家とはベンチャー企業の経営者となる人物であり，その精神的な面では高い成長意欲を持ち，リスクを恐れない人物である。

3.2　小規模企業における組織

　経営学文献における文化とは，「共有された基本的仮定」，「価値観と信念をその構成員に伝達する一連のシンボル」，「文化振興活動」など，多くの定義が存在する（飯田，1995）が，当然そのような文化の深層の部分まで多くのサンプルをもって調査することは困難を極める。したがって，後述する調査では文化の局面からみると極めて表面的な部分に注目しているのであるが，ここでは一旦，文化における表面的なものと深層とは密接に結びついて

おり，同様のものであると考え，その深層部を想定してみる。

　ここでは，小規模企業にも文化が存在し，戦略に大きな影響を与えるという立場を取る。組織文化論とは個別企業を対象としているので，「独立」[3]の要因は特に重要とはならない。「小規模」の要因は第2章で説明したように「非公式的なコミュニケーション」や「家庭的な文化」を想定することができる。中小企業についても共通するこの二つの要因に対し，「企業家」「新規性」「急成長」の三要因がベンチャー企業の特徴をなす。

3.3　ベンチャー企業に特有の文化要因

　ベンチャー企業に独特な要因である「新規性」は成功の可能性を持っているという面と，失敗するリスクという面との二つを併せ持つ。リスクを持ちながらも成功を固く信じる創業に携わる創業時の構成員は，組織，ビジネスに対し，強いコミットメントを持つだろう。このことは逆にいえば，コミットメントなしには創業に携わる構成員が組織に参加することはないということである。同様に，「急成長」という要因は，急激な従業員増加と企業家の成功を意味する。ある事業が成功し，需要が増えると，それに対応できるように人材を集めていかなければならない。このような従業員の増加によって，社内は同一の価値観の共有にとどまらず，多くの価値観を共有するものがあらわれる。

　企業家の存在の影響力は従業員にとって抵抗するには強すぎるため，従業員は企業家に逆らうことができず，我慢することになる。企業家の成功は，「リスクを乗り越え急成長することができたのは，自分の新規的なアイデアが正しかったから」と企業家に過剰な自信を抱かせる。企業家の影響力が他の企業形態と比較して非常に強い文化があらわれる。

　重要なことは，企業家の考えることが常に正しいわけではないということである。したがって，過剰に影響力を有する誤った企業家のリードによって失敗するベンチャー企業の事例が多いのである。この視点から展望することによって，企業家の影響力が過剰につよいと企業存立に悪影響を与えるといった事態が想定できる。

3.4　第二の事業展開に対する意識

　以上の特徴から次の四つの事柄が想定できる。第一に，ベンチャー企業の組織体の大きな特徴は，経営者の影響力が他の企業形態と比較して非常に強いということである。第二に，経営者の影響力が強い理由は，不確実な状況のなかでリスクを恐れずに事業を成功させた尊敬すべき存在であるからでもあり，従業員が抵抗するには強すぎる状況が存在するからでもある，ということである。第三に，ベンチャー企業の文化はその影響力の強い経営者の抱く仮定を反映しリスクを恐れないものとなる，という点である。第四に，リスクを恐れない文化だからこそ，将来のリスクを軽視し誤った意思決定をおこなってしまうという点である。

3.5　企業成長理論との関連

　以上の第一の想定と第四の想定から以下のベンチャー企業に存在する存立に関する状況が考えられる。経営の危機に気付いたある従業員が，企業家の意思決定に訂正を求めにくい状況になってしまう。創造の天才である企業家が失敗するはずはないと考えてしまったり，意見を言おうとしたところ同僚に止められたり，意見をいっても企業家が聞く耳をもたない状況にもなったりする。この視点では，ベンチャー企業の存立にもっとも影響を与える人物となるのは企業家である。

　第2章において明らかなように企業成長論においては，企業が一度軌道に乗っていくと，そのときの特徴や利点が障害となる段階にはいり，それを超えるためには企業が変革しなければならないというものであった。ベンチャー企業にこの理論を応用すれば，もし企業家がひとつのビジネスモデルに固執し，必要に応じてそのモデルを変更しなければ，ある時点でその企業が失敗すると考えられる。そうなると，企業家中心の文化というものはベンチャー企業の存立に悪影響を与えるはずである。

4 フレームワーク提示

4.1 企業家の影響

　Schein（1985）によれば，企業組織における文化は企業の経営，特に意思決定に大きな影響を与える[4]。その文化を左右する主体は企業家であるので，企業家に注目する必要がある。また，文化に対して強い影響を与える存在とは，最初にあらゆるものごとを方向付けする創業者である。このように考えるとベンチャー企業の創業経営者である企業家は，単なる創業者・経営者というだけではなく，事業を奇跡的な成功に導いた文化の力強い担い手になる[5]。組織文化論のこの点を参考にし，企業家の意思および従業員の意思という独自のフレームワークを提示する。

4.2 革新的事業への志向性

　これまで展開された文化論の内容から，リーダーである企業家に焦点を当て，また調査に必要なフレームワークを提示する必要がある。そのため，企業家の意思決定の中心をなす「企業家の意思」とこれに対する「従業員の意思」との二つを説明する。

　先にあげた日本システムインテグレーション社のような成熟期におこなわれる第二の事業展開が勇み足によって失敗してしまう事例は数多く存在する。このような一度成功した経営手法が次の事業を手がけるときには通用しないということを追求した研究として，Greiner（1972）は，発展段階モデルを用いて最初の革命時期（成長が止まり次の成長に向かう前の段階）で用いた経営手法が次の革命時期には通用しないことを説明した。その理由として，加護野（1987）は，フォードの失敗の事例をパラダイム概念を用いて説明しており，情報のフィルターとなるパラダイムの頑強性が，妄信という結果を生むことにその理由がある。他方，大江（1998）も新規事業が失敗に終わる理由を，企業内に蓄積された経験や知識があまり役に

立たないことと，既存事業と新規事業が本質的に異なることとの二つをあげている。Christensen（1997）は新しい技術との直面が，既存の価値ネットワークとくみあわず失敗するといったイノベーションのジレンマを説明する。

このような研究があるなか，フレームワーク「企業家の意思」は，企業家活動の一部を指し示すが，あくまでも企業家自身による，リスクを有する革新的な事業への固執の程度であり，意思決定に対する影響力を有する。具体的には，企業家の革新的事業面での社内への影響力である[6]。したがって他の従業員，例えば部下などによる企業家活動，イノベーション的な活動，および精神ではない。また，企業家活動は事業の発想から行動をさすが，企業家の意思は革新的な事業への思考をさす。企業家活動ではなく，「企業家の意思」としたのは，これをもつ人物が企業家自身のみであることと，イノベーションに対する行動ではなくその中核をなす思考であることとの二点の限定を必要としたからである。

この考え方は加護野のパラダイム概念やChristensenの価値ネットワークに類似している。異なっている点はそれらにみられる事業の「方向」というよりもむしろ革新的事業への執着の「程度」に注目し，部分的に具体的な程度に着目した点である。そしてその背景には，プロセスとしてGreiner（1972）の発展段階モデルから，なぜ二度目は失敗するのかという理由を考えていったものであり，新規事業は既存事業と本質的に異なるという大江（1998）の所説を参考にしている。

企業家の意思に対立する概念を「従業員の意思」とする。これは組織の中核である企業家に対抗する思考である。従業員の意思は従業員による革新的な事業への固執であり，企業家の意思を抑制する力をも持ちあわせるものとする。たとえば，企業家が独断により誤った意思決定をしている場合に，検討を促し，事業を成功に導いていく効果がある。企業家の意思に対立するものとして従業員の意思を提示したが，この想定において，従業員の意思は企業家の意思と重複する箇所がある。たとえば，企業家がある革新的事業に専念し，従業員も積極的にそのプロジェクトに関与している場合には，企業家

の意思も従業員の意思も強い状態とみなす。

　本書において提示された「企業家の意思」および「従業員の意思」という用語は決して筆者一人の独断的な用語ではない。2003年に優秀な経営者が失敗するメカニズムを説明するFinkelstein（2003）が"intent"というほぼ同じ用語で示している。意味もほぼ同じであり、邦訳も「意思」と訳している。筆者の「企業家の意思」との相違点は筆者が信念や価値観に近いもので論理性を問わないのに対し、Finkelstein（2003）は論理的であることを示している[7]。

4.3　企業家の意思の強力化

　企業家の成功体験に裏づけされた仮定は二度目の成功を招かないどころか失敗を呼び起こすものでさえある。成功から学び取れることもあるのだろうが、後述の事例のように、現実はそうではない場合が多い。それは、企業家の独断状態は継続され、従業員はおかしいと理解していながら、意見をいうことができなくなり、失敗につながるというものである。これについて、組織文化論の観点からみると企業家が強い影響力をもつ文化が覆っているからということができる。

4.4　組織の集権と分権

　企業は組織の存立のための方策を考慮しなければならない。AT&T社の社長であったBarnard（1938）は組織が成功するのは異例であるとする立場から、組織の維持のために有効性と能率という概念を提示している。有効性とは協働目的の達成に関する社会的・非人格的なものであり、能率とは個人的動機の満足に関する人格的なものである。この両者を確保することが経営の機能であり、経営者に求められることである（邦訳62頁）。

　組織とは人間の活動においてなされる協働体系である。そのため、組織構成員がその組織にとどまらなくてはならないと考えると、能率に注目することになる。組織構成員は組織に与える貢献の代価として個人的な満足を得るので、それを与えないといけない。個人的満足は物質的利益と社会的利益な

どによるものであるが，物質的利益を構成員に与えていくには当然限界がある。

　能率の内容である個人的満足とは，組織あるいは経営者の満足とは必ずしも一致しない。経営者はそのズレをある程度は許容しているはずであるため，その時に組織を鳥瞰してみると，全くの一枚岩ではない。

　組織をまとめあげるには，そのトップに立つものが統制力をもっていなければならないが，それは暴君的あるいは官僚的なものではない。そのような組織のなかでは不満や意見対立軋轢が存在すると考えられる。特に階層の見地から，組織の機能遂行についてTannenbaum（1966）は独自の見解を提示し実証している。彼は，製造業を営む会社において，階層秩序が存在し，そのことが軋轢を生んでいると考えた。この調査方法として統制力グラフというもので管理者・監督者・従業員の三つの集団の統制力を算出した。すると実際は急勾配なグラフ（階層が上にいくほど統制力が高い）が描けるのだが，理想とされたグラフはもっと緩やかなものであった。権威主義的な管理者は自らの組織構成員の全員を統制していると，部下もまた自分の支配の取り分をとろうとするので軋轢が生まれるということがわかった。トップマネジャーが構成員を統制しようとすればその分統制できるわけではなく，民主化すればその分均衡が崩れるというものでもない。

　以上のことから，組織を維持するための二つの基本的見地を提示する。その二つの見地とは凝集性にかかわることであり，第一に構成員をリーダーに集中させることであり，第二に適度に分散させることである。ここでいう集中とは，トップ自身の考え方を優先させ，構成員の考え方を一つにして，トップ自身に従わせようとすることである。統制や制御，あるいは意思統一などの言葉で表現できるものである。これに対する分散とは従業員の考え方を優先させ自由に活動させることである。それは，権限委譲や自由裁量の幅を増やすことなどにあらわすことができる。企業組織についてはまた特殊な事情がここに関係してくる。まず企業は当然のように利益を上げなければ存立維持できないために，誤った意思決定をすることがほとんどできない，あるいは許されないのである。この事情はリスクの高い事業を手がけるベン

チャー企業では，大企業に比べるとヒト，モノ，カネすべてにおいて乏しいので，より深刻な問題である。

　企業家の意思と従業員の意思は，Tannenbaum（1966）の組織の集権と分権の理論にもとづいている。本章においては，ベンチャー企業の集権が過度になると失敗するという想定のもと，分権が必要であるという文脈になっているが，それは前提として集権がなされているということなのである。

5　ベンチャー企業における企業家の意思の変容モデル

5.1　変容モデル

　以上の理論展開と事例から，企業家の意思，過去の成功体験，および従業員の意思がベンチャー企業の存立にかかわる事項であることが示唆された。それらを全てまとめて概念としてのモデル図に表す。図3-2はベンチャー企業における企業家の意思の変容モデルである。

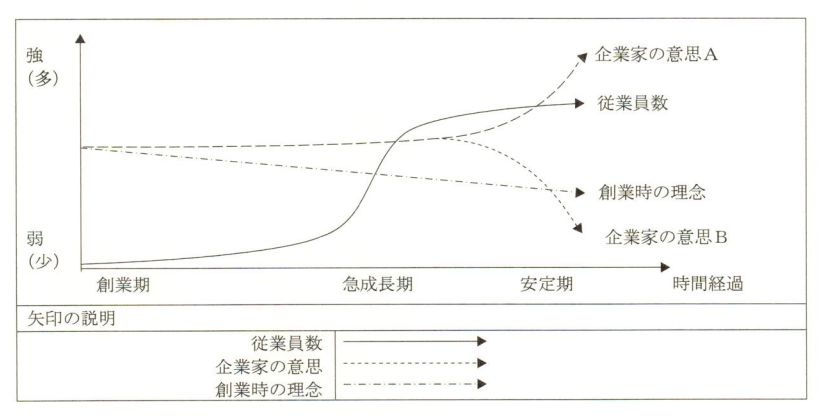

出所）　拙稿（2004a）107頁より加筆修正して筆者作成。

図3-2　ベンチャー企業における企業家の意思の変容モデル

5.2　モデルの説明

このような縦軸と横軸をもったグラフを作成するにあたっては，それぞれの定義を最初におこなう。縦軸は人数および力の強さである。「数」は従業員数をあらわす。「力の強さ」は，文化の要因となる企業家の意思，創業時の理念といった文化要素を，各企業組織におけるそれらの組織に占める割合や影響力としてあらわしたものである。

本グラフはいくつかの要因をひとつに盛り込んだ多元的なものである。したがって諸条件によって企業存立に与える影響は異なったものになる可能性も否定できない。一方で，具体的に何によってその人数や影響力あるいは時間によって示されるかについては定義することができない。

従業員数にはこのようなS字カーブを想定した。Flamholtz (1986) によれば，ベンチャー企業では，最初の事業が成功し軌道にのりはじめると，急激な人員流入（p.39-40）があり，ある程度時間が経過すると事業が安定し，増加しなくなるために，このようなS字カーブを描く。このことはまた，Timmons (1994) の想定する売上高S字カーブにも依拠しているともいえる。

次に「企業家の意思」は，企業家自身による革新的事業への固執の程度である。これが急成長後にAとBにわかれると考えられる。企業家の意思Aとは一度の成功体験に基づき，自らの仮定が正しいと思い込み，従業員の反対をおしきって事業を展開していくような状態である。これとは逆に，企業家の意思Bとは，従業員に革新的事業のイニシアティブをゆだね，自らは革新的事業を取り扱うよりもむしろ経営全般に専念している状況をいう。そのことは企業家とよばれる段階から一般的な企業経営者への移行を示すものである。

5.3　時間経過

ベンチャーの創業から，売上高，利益，組織規模などが急激に上昇し，人員の大量流入が起こる段階を急成長期とする。この人員の急激な増加を見せる以前の段階の時期を創業期とし，人員の急激な流入が止んだ後の期間を安

定期とした。このモデル図は文化の視点から考察しているため，具体的な年数，売上高，従業員数を定義していない。それぞれの段階が均等に描かれているが，必ずしもそうであるとはいえない。また，すべてが滑らかな線によって示しているが，ベンチャー企業に限らず企業組織には日々変化する状況があるために，このように綺麗に移行するわけではなく，実際には上下があって，階段のような形状で移行すると考えたほうが自然である。

創業より急成長を迎えるまでの段階を創業期と定義する。成長段階全体の説明にもつながるが，まず企業家が最初に提示した「創業時の理念」は時間の経過とともにその影響力を失っていく。その理由は，ある価値は時間の経過とともに従業員に対する影響力を失う性質をもつからである。創業当時とある特定の時点における情況が乖離し，創業時の理念が社内に共有されず，影響力を有さなくなるのがその一つの原因である。しかし，企業理念の見直しや不祥事などの，なんらかの事件が起こると極端に低下する事もあると考えられる[8]。

ベンチャー企業は飛躍的な成長に伴い，その業務の増加による人員不足をカバーする為，多くの従業員を雇い入れる。この大量の人員が組織に流入する時期を急成長期としている。この時期においては，トップからの意思伝達を阻害する集団が出現する事になるが，イノベーションが成功し事業内容が拡大するに伴い業務が増加し，組織内は急激に売上，利益を伸ばそうと東奔西走する事になり，ロアーレベルに生じる下位文化は抑制される。同時に企業家は，成長の途中では徹底的にベンチャーの主たる文化である企業家の意思に全従業員を集中させるので，従業員は企業家に従う事になる。

ベンチャー企業は同業他社に追い越されないよう，常にその分野で独走態勢に走らなければならない必要があるため，急成長が止むと次のイノベーションを模索する。このような状況のもと，「急成長後の企業家主体のイノベーションはベンチャーの失敗を招く」ということが考えられる。

ここでの想定とは企業家の意思が強く影響する，もしくは企業家が自由意思のもと独断で組織を運営しようとすると，安定期において致命的失敗に至り，逆に権限委譲によって企業家の意思が反映されなければ成功するという

ものである。図3-2の企業家の意思Aのラインは失敗するベンチャー企業であり，企業家の意思Bが成功するベンチャー企業である。

6 小　　括

本章では，組織成長論と組織文化論とを応用して，企業家の意思と従業員の意思という二つの独自のフレームワークを提示して説明した。そこでは，企業家の想定が常に正しい方向になるとはかぎらないことが重要視されている。次章以降では，仮説提示，質問票調査，インタビュー調査から，これまでに提示された内容を調査結果から明らかにしていく。

注
1) ベンチャー企業の創業経営者である企業家はこのことを意識しない。しかし，企業家自身にとってもステークホルダーにも悪影響がかかる倒産は回避すべき重要な経営課題となっている。
2) 「倒産の研究」『日経ベンチャー』日本経済新聞社，2001年6月号，78-81頁。
3) ここでは社内ベンチャーや事業部のようなものではないことを，「独立」としている。
4) Schein（1985）pp.223-224.（邦訳，285-286頁）より。ほかにもDavis（1984）などから，文化は経営，特に意思決定に大きな影響を与えるという説明が得られる。
5) Schein（1985）pp.223-224, p.241.（邦訳，285-286頁，308-309頁）。筆者は創業者の存在の強さはあらゆる儀礼によって永続するものと考えている。またこの儀礼のみならず，非公式的な場所でも創業者について言及することは多々あるだろうから，創業者の影響は非常に大きいのである。
6) 本書において企業家の意思とは，「リスクを有する革新的な事業への固執の程度」であって，この意思が意思決定に影響を与え，企業家の行動に直結するという想定がなされている。その行動が，組織文化論で展開されたように，社内全体に強い影響を与えるようになると考えられるため，具体的な側面として，社内への影響力を提示した。したがって，意思の面では創業時における企業家は「革新的事業に固執」しているのであって，その後，どのように行動し社内に影響を与えるかに重点がおかれている。
7) 筆者は拙稿（2005a）において意思を"intention"としているが，これも便宜的なものである。拙稿（2004a）においての英文レジュメはレフェリーからのアドバイスにより意思決定的としたために"intention"は使用していない。
8) 創業期の文化についてはあまり触れてはいない。文化全体としては，Flamholtz（1986）のいうように，曖昧で家庭的な文化が蔓延していると考えられ，それ自体をなにがどのように影響しているのかを想定できないからである。したがって，ここで示されたような諸要因が非常に強い影響力を持っている場合もあると考えられる。

第4章
ベンチャー企業の存立のための要因

1 はじめに

　これから展開される各章においては，ベンチャー企業存立の実際を質問票調査およびインタビュー調査をもとに明らかにしていく。定性的で把握しにくいものを実証するには，質問票調査とインタビュー調査の二つの方向から展開することが現在のところよいとされている（咲川，1998，井上 2002）。質問票調査では，普遍的な特性を分析することができるが，より深層の部分は不明瞭となり，逆にインタビュー調査では，個別企業の状態をかなり深く調査することができるが，普遍的な結論を提示することができない。
　本章では，仮説を提示しその検証を質問紙法に基づく質問票調査によって明らかにすることを目的とする。すでに説明してきたように，ベンチャー企業の存立の要因についてのいくつかの仮説が示された。この仮説を実証するため，本章では質問票調査をおこない，その結果から考察する。

2 企業家の意思と文化

2.1 失敗要因としての企業家の意思
　ベンチャー企業の存立のための文化的要件を経験的事実から明らかにした第3章において，企業家の革新的事業への志向性である「企業家の意思」が存立に決定的な役割をはたすという想定がなされた[1]。とくに，このことは過去の成功体験から失敗するという事例から展開され，二度と通用しない革

新的事業の経営手法を独断的に用いて失敗する現象を「企業家の意思」が強化した状態とみなし，逆にそれが弱化すれば存立に寄与するはずであると想定した。したがって，ここで見出される仮説は，第一の革新的事業が成功すると企業家は同じ手法を用いがちであることと，企業家の意思の弱化が存立に寄与することとの二つの仮説である。こういった立場は，失敗の研究を行ってきた Finkelstein（2003）に近いものがある。

Finkelstein（2003）は，優良企業が失敗していく原因を経営者に欠如しているものがあるといった諸説を俗説と称し切り捨て，経営者に特別な資質があったからこそ失敗することを何度も仮説検証した。この文献において展開される「失敗するトップの七つの習慣」は経営者のもつ支配の幻想に基づくものであり，筆者の「企業家の意思」と共通する項目がならぶ。すなわち両者は「何かが足りないから失敗した」という認識ではなく「何かがあったから失敗した」という認識に立つ点において共通する。一方，相違点として本書ではあくまでも企業家の革新的事業への志向性が主たる要因であり，学習などは付属するものとみなしている点で異なっている。

2.2 文化という用語の問題と対処

これまでに示されたとおり，組織文化論は新たな展開を迎え，文化それ自体が機能しないという見方が強い。一方で，構成員の行動を支配する「ミーム（Meme）」（Week & Galunic, 2003）や，同じように行動を規定する構成員に共有された「不文律」（Scott-Morgan, 1994）など，80 年代であれば「文化」として使用したかもしれないと思える研究は多い。それらは「文化的」（cultural）という用語は数少なく使用するけれども，文化それ自体をほとんど使用しない。

以上の文化に対する批判的な研究にそって，文化についての筆者の立場を次のように明確にする。現在起こっている組織文化に関する重大な議論の渦は，理論の発展あるいは形成の経緯で生じた当然の結果であり，それは概念整理の 50 年代と同じ様相を呈している。誤解をまねきかねない文化という用語の使用を極力避けるが，企業組織の一面を明らかにしてきたこれまでの

組織文化の研究の知見を大いに利用することとする。したがって、この研究は「文化的」であっても、「文化」それ自体を中心に研究したものではないのである[2]。

3 仮説提示

3.1 ベンチャー企業の存立のための仮説

　ベンチャー企業関連の研究では、ベンチャー企業の企業家の有する革新的事業への志向性が注目されず、企業の成長に注目が集まっていた。競争力維持のために継続的なイノベーションが必要となり、そのためには、企業内のいずれかの人物が革新的な視点がなくてはならない。ただし革新的な事業への志向性は、企業家が持つと失敗を招くことは先に示したとおりなので、従業員がもったほうがよいということになる。本書のこれまでの文脈から、仮説を補足説明とともに提示していく。

3.2 企業家の意思をめぐる仮説

　拙稿（2004a）では、第一の事業成功ののちに、同様の手法を使用して失敗する企業が多いことを、「企業家の意思」によって説明した。同じ経営手法あるいは経営慣行が永久に通用するものではないことは、環境が変化してその手法の主要な部分が無効化するということであって、その全てが通用しないということではない。しかしながら、企業家の革新的事業への志向性（企業家の意思）は、決定的な事項について悪影響をもち、存立に対し負の関係をもつものであると考えられた。以上のことが正しくて、なおかつ企業家が革新的事業に興味を持たなくなれば、存立に悪影響を与えることがなくなるはずであり、逆に、革新的事業に固執したままだと企業存立の可能性が低くなるはずである。かくして次のように、仮説1と仮説2を提示することができる。

> 仮説1：企業家の意思が弱化することが企業存立に貢献する

> 仮説2：企業家の意思が強化すると企業存立に悪影響を与える

　企業家の意思が強くなると，企業存立に悪影響をもつことから以上の根本的仮説が提示された。その根本的性質として，いくつかの倒産事例から，また組織文化論的観点からみて一度成功した企業家は二度目にも同じ経営手法あるいは経営慣行に固執することによって倒産してしまうことが多いように思われた。このことは企業家の意思が強力化した状態である。そのために，次の仮説を提示することができる。

> 仮説3：第一の革新的事業が成功すると企業家は同じ手法を用いがちである

　標本抽出台帳となる『2004年度日経ベンチャー企業年鑑』の性質上，調査対象が成功している企業であることから以上の仮説がなりたつ。このことが企業存立にどうなるかということについては仮説1において説明されているように同じ手法を用いることによって失敗することになるというものである。この仮説はベンチャー企業やその他の企業に見られる基本的性質であると考えており，それを特定の問題にのみ焦点を当てる必要はないと考えた，ということにその理由がある[3]。

　筆者の主張のひとつであるビジョン伝達については，企業家の意思の低下と従業員の革新的な行動の活発化によって示すことのできるものである。そしてこのことが企業存立に貢献するものと考えた。そのため，次のように仮説をたてたのであった。

> 仮説4：企業家の革新的な志向は，時間がたつと従業員に伝達される

　ここで提出された「伝達」とは従業員のほうが革新的な事業のイニシアティブをとり，企業家が革新的事業から距離を置くことである。ここでは，

このような主権の交代から「従業員に伝達された」とみることとする。企業家は，時間経過に伴いリスクの高い革新的事業に専念するよりもむしろ総合的な経営を実践する経営者となっていくはずである。

　以上の四つの仮説が企業家の意思をめぐるものである。これらの仮説にある背景には，企業家のワンマン性なども含まれている。本書の中心的鍵概念をなす企業家の意思の関連の仮説から，これに対する従業員サイドについての仮説を提示する必要がある。

3.3　従業員関連の仮説提示

　従業員の意思とは，従業員による革新的事業への志向のことであって，企業家側にはないものである。第3章において展開してきた企業家の意思に対立する概念として，提示された従業員の意思は，従業員による革新的な事業への志向性であるとされ，組織の中核である企業家に対抗するものとして，企業家の意思を抑制する力をも持ちあわせるものとされた。

　従業員の意思は，企業家が独断により誤った意思決定をしている場合に，検討を促し，事業を成功に導いていく効果があると想定した。これまで説明してきたことから考えると，トップのワンマン性の否定から始まるものであるため，従業員の意思は企業存立に貢献するものと考えられ，次の仮説を提示した。

> 仮説5：従業員の意思が強くなるほど企業存立に貢献する

　この仮説は，組織論的な観点からのみならず企業が有する知識の量といった別の側面からでも支持できるはずである。たとえば，多くの従業員が教育を受けて間もないころ，企業家に逆らうほどの知識や技術がなく，反抗できない状況があったとする。この場合にはその企業の保有する知識的な強さはトップにゆだねるのみなので非常に弱い。反面，従業員の意思があることは，それなりに従業員側が知識を有しそれを実践できる技術力を持っていることでもある。この場合には企業の保有する潜在的能力は非常に高いことに

なる。

　先述したように，企業家の意思が存立に貢献しないことの背景には，トップのワンマン性が存立に悪影響を与えるという想定がなされている。そのような状況になってはいけないので，従業員が意見をいえる状況こそが企業存立に貢献するものだと考えたのであった。ワンマン性が過剰に発揮されてまったく意見を寄せ付けない状況なら，企業存立はままならないはずであり，逆に意見をいって新製品の開発が進めば企業存立につながるはずである。またそのことは従業員が商品開発のためにノウハウを持ちつつあるか，あるいは持っていることをも意味するのである。したがって，筆者のそれまでの想定する観点からと，潜在的な知識の保有量の観点から，次の仮説をあげることができる。

仮説6：従業員が意見をいえる状況が企業存立に貢献する

　企業家の意思が高まり，誰も止められないような状態になると失敗してしまう。独断による失敗はこのような状態からなされるが，これを防止するため，革新的事業への固執が高まっても従業員がストップをかけるような状況が必要になってくるのではないかと考えられる。したがって従業員が意見をいえる状況が存立に寄与するという仮説をたてたのであった。
　さて，組織文化論では，ひとつの企業組織の文化のなかにいくつもの文化があるという立場がある。そのような組織内の組織あるいは集団の文化を組織の下位文化という。筆者は拙稿（2004b）で，ナット・アイランド効果から，主文化を強く支持する促進型下位文化から主文化に反発する対抗文化への下位文化の変容を論じ，小規模組織にも下位文化が存在することを仮定した[4]。この観点から考察すると，促進型では企業家の意思を抑制することはできないことになる。逆に，下位文化が対抗的要素を持つならば，企業家の意思の弱化と意見をいえる状況に影響するが，単に反抗的なだけでは，コントロールがきかず失敗するはずである。ここから，促進型下位文化でも対抗文化でもない下位文化類型が存立に寄与するのではないかという仮説が生

じる（拙稿，2004b；Martin & Siehl, 1982）。下位文化関連の仮説も従業員に関するものとして構築した。促進型下位文化とは企業家の意思に対しきわめて賛同的であるので，存立に対し負の要因となるはずである。しかしながら，対抗文化ほど，完全に否定的であれば，業務遂行に悪影響をあたえ，結果として存立に悪影響を与えるはずである[5]。かくして次の仮説が成り立つ。

| 仮説7：促進型でも対抗文化でもない適度な下位文化が存立に貢献する |

以上の七つの仮説が，本書の中心的キーワードとなる企業家の意思と従業員とに関連する仮説である。概して次の二点の視点からの仮説検証である。第一はベンチャー企業のトップは革新的事業を志向しワンマンになって倒産するケースが多い点であり，第二はそのために組織構造がフラットで民主的状況を有しないといけないという点である。組織の集権と分散の視点から，以上の仮説が成立したのであった。

3.4 仮説の総括

企業家の意思について，それは強化すると企業存立に悪影響を及ぼすものであるという想定のもと，仮説1「企業家の意思が弱化することが企業存立に貢献する」および仮説2「企業家の意思が強化すると企業存立に悪影響を

表4-1 仮説一覧

企業家の意思関連	
仮説1	企業家の意思が弱化することが企業存立に貢献する
仮説2	企業家の意思が強化すると企業存立に悪影響を与える
仮説3	第一の革新的事業が成功すると企業家は同じ手法を用いがちである
仮説4	企業家の革新的な志向は，時間がたつと従業員に伝達される
従業員関連	
仮説5	従業員の意思が強くなるほど企業存立に貢献する
仮説6	従業員が意見をいえる状況が企業存立に貢献する
仮説7	促進型でも対抗文化でもない適度な下位文化が存立に貢献する

出所）筆者作成。

与える」が提示された．次に企業家の意思の性質の想定として，仮説3「第一の革新的事業が成功すると企業家は同じ手法を用いがちである」および仮説4「企業家の革新的な志向は，時間がたつと従業員に伝達される」が提示された．

企業家の意思に対抗するものとして，従業員関連の仮説が提示された．まず，企業家の意思の強力化を抑制するため，および，企業全体として潜在的な技術力を有するという観点から，仮説5「従業員の意思が強くなるほど企業存立に貢献する」が提示され，同様に，仮説6「従業員が意見をいえる状況が企業存立に貢献する」が提示された．下位文化にも触れて，極端なトップ追従あるいは極端な反抗を有するものであってはならないという想定より，仮説7「促進型でも対抗文化でもない適度な下位文化が存立に貢献する」が提示された．

4 調査方法とサンプル

4.1 仮説の支持と棄却

これらの仮説のなかで，「正の関係になる」，「負の関係になる」という仮説は，相関係数とその検定とをおこなうことによって証明できる．すなわちこの仮説において「関係」とは「相関関係」のことを意味する．「貢献する」，「である」といった文章の仮説は，記述統計やその他から証明することができる．このようにして，仮説の支持と棄却の過程を経て検証をおこなっていくこととする．その場合，後に提示する有意水準を満たすかどうかが仮説の支持・棄却の条件をなすのである．

4.2 標本の抽出と採集

本書では，質問紙法に基づく質問票調査を2004年5月におこなった．調査対象企業は，『2004年度版日経ベンチャー年鑑』掲載企業2,319社のうちから，乱数表を用いたサンプリングにより抽出した1,000社の人事担当者に

4 調査方法とサンプル　65

回答を依頼した[6]。このサンプリングにあたっては，偏りが出ないように，業界別に均等に抽出した。この調査では，標本サイズが258必要であったのだが[7]，結果として311社から回収され，有効回答数は298社であった（n

企業文化アンケート

	全くその通りである ←		どちらでもない		→ 全くそうではない
〈経営者・経営陣について〉					
1. トップは従業員に対し，以前よりやわらかくなった	1	2	3	4	5
2. 上司に対し自由に意見を言える	1	2	3	4	5
3. トップは創業時より革新的な事業に興味をもたない	1	2	3	4	5
4. 組織は創業時よりルールが多くなった	1	2	3	4	5
5. トップは経営理念やビジョンを強調する	1	2	3	4	5
6. トップが新規事業のイニシアティブをとることがなくなった	1	2	3	4	5
7. 過去の成功が非常に参考になっている	1	2	3	4	5
8. 過去の失敗が非常に参考になっている	1	2	3	4	5
9. トップは失敗に対して寛容である	1	2	3	4	5
〈従業員の考え方について〉					
10. トップのいうことが，常に正しいとは限らないと考える	1	2	3	4	5
11. 全体が同じ価値観で統一されていない	1	2	3	4	5
12. 意見が一致するのはまれである	1	2	3	4	5
13. 意見の調整に関して，部門間で非公式な会合が開かれる	1	2	3	4	5
14. 職場の全員が企業理念を知っている	1	2	3	4	5
15. 派閥のようなものができた	1	2	3	4	5
16. 従業員の間でユーモアのようなものがある	1	2	3	4	5
〈経営状態について〉					
17. 組織機構の改革や経営戦略の転換がなされやすい	1	2	3	4	5
18. 新規事業を手がける部門は独自の価値観を持っている	1	2	3	4	5
19. 部下の価値観が経営を手助けしていることがある	1	2	3	4	5
20. 以前に比べると経営が安定している	1	2	3	4	5
21. 安定した財務を心がけるようになってきた	1	2	3	4	5
22. 同業他社より画期的なアイデアが提案されている	1	2	3	4	5

貴重なお時間を割いてご協力してくださり，誠にありがとうございました。

出所）　筆者作成。

図4-1　質問票サンプル

= 298，有効回答率= 29.8%）。

　調査票には「企業文化アンケート」という表題をつけた。これは筆者の研究テーマが組織文化といわれる分野と近いからである。また，「組織文化」よりも「企業文化」といった表現のほうが，回答者にとって理解しやすいと考えたため「企業文化アンケート」に至った。図4-1に示す質問表のサンプルは内容のみを写し取ったものである。現物とは縮尺，フォントで異なっている。

4.3　尺度と諸条件

　点数配分の均等性を明確にするために，尺度を用いる。1に「全くその通りである」，3に「どちらでもない」，5に「全くそうではない」として，2と4には該当する記載をぬいて1と5の間を両側矢印でむすんだ。これは2と4に適当な表現がないためである。それぞれの数値を各質問項目の点数とし，点数が高いほど否定ということになったが，このことについて意図はない。

　本書における展開の上で重要な三つの条件を次のように挙げる。まず，調査票では各質問項目について，「1. 2. 3. …」と数字のみふっているが，他の数字との混同を避けるために，それぞれ「問1，問2，問3」と表記することとする。次に，統計的有意水準（p値）が5%未満であることとする。これは一般的な社会的な調査で採択されるものである。アスタリスクの数で，p値を0.01未満，0.05未満，0.10未満と見せたりする研究も多いが，最初に有意水準をきめておこなうことによって，本調査の検定を誤る確率が5%未満である（95%の一般性を持つ）ことが明らかになるため，最初に有意水準をさだめた。

5　測定結果

5.1　質問項目記述統計量より

　質問項目における最頻値が1あるいは5を指し示すとき，その項目に該

表4-2 質問項目記述統計量

	問1	問2	問3	問4	問5	問6	問7	問8	問9	問10	問11
最小値	1.000	1.000	1.000	1.000	1.000	1.000	1.000	1.000	1.000	1.000	1.000
最大値	5.000	5.000	5.000	5.000	5.000	5.000	5.000	5.000	5.000	5.000	5.000
中央値	3.000	2.000	5.000	2.000	2.000	4.000	3.000	2.000	3.000	2.000	3.000
最頻値	3.000	2.000	5.000	2.000	2.000	5.000	3.000	2.000	2.000	2.000	2.000
歪度	-0.055	0.640	-1.012	0.582	0.812	-0.716	0.431	0.596	0.197	0.247	0.041
尖度	0.180	0.105	0.114	-0.226	-0.145	-0.274	0.193	0.284	-0.763	-0.347	-0.849
平均値	2.678	2.128	4.195	2.299	2.252	3.839	2.648	2.262	2.604	2.329	2.919
標準偏差	0.863	0.909	0.976	1.042	1.172	1.117	0.957	0.902	1.050	0.910	1.057
標準誤差	0.050	0.053	0.057	0.060	0.068	0.065	0.055	0.052	0.061	0.053	0.061
分散	0.744	0.825	0.952	1.086	1.374	1.247	0.916	0.813	1.102	0.828	1.118

	問12	問13	問14	問15	問16	問17	問18	問19	問20	問21	問22
最小値	1.000	1.000	1.000	1.000	1.000	1.000	1.000	1.000	1.000	1.000	1.000
最大値	5.000	5.000	5.000	5.000	5.000	5.000	5.000	5.000	5.000	5.000	5.000
中央値	3.000	3.000	2.000	4.000	2.000	2.000	3.000	2.000	2.000	2.000	3.000
最頻値	3.000	2.000	2.000	5.000	2.000	2.000	3.000	2.000	2.000	2.000	3.000
歪度	-0.234	0.238	0.499	-0.539	0.384	0.373	0.217	0.363	0.395	0.919	0.303
尖度	-0.148	-0.822	-0.659	-0.563	-0.124	-0.373	-0.270	0.190	-0.356	1.116	-0.376
平均値	3.275	2.977	2.396	3.866	2.315	2.352	2.537	2.483	2.480	2.020	2.488
標準偏差	0.942	1.168	1.148	1.065	0.911	0.992	0.971	0.854	1.052	0.860	1.078
標準誤差	0.055	0.068	0.066	0.062	0.053	0.057	0.056	0.049	0.061	0.050	0.083
分散	0.887	1.363	1.317	1.133	0.829	0.983	0.943	0.729	1.106	0.740	1.163

出所) 筆者作成。

当する事項は何かしらの強い傾向があるといえる。このような視点からみた場合、最頻値が5を示した質問として次の三つがあがった。それは、問3「トップは以前より革新的事業に興味をもたない」、問6「トップが新規事業のイニシアティブをとることがなくなった」、および問15「派閥のようなものができた」の三問である。仮説3「第一の革新的事業が成功すると、企業家は同じ手法を用いがちである」、および、仮説4「時間がたつと革新的志向は従業員に伝達される」については、設定上十分ではないが、この調査結果から企業家の革新的志向が弱化するものではないことが明らかになった。しかしながら、企業家はやがてゼネラル・マネジャー的な性格を帯びて革新的事業への固執は少なくなるはずだという考えがここでは支持されない。なぜなら、ここでいう「伝達される」とは、従業員側が強くなって企業家側が

弱くなる，という意味を含むからである。かくして仮説3「第一の革新的事業が成功すると，企業家は同じ手法を用いがちである」と仮説4「時間がたつと革新的志向は従業員に伝達される」との二つの仮説は棄却された。

問15から，派閥のようなものはできにくいということが伺える。これは，トップがビジョン等を強調しなくても，下位部門が反発することがないという文化があることを意味しているとも考えられる。ちょうど，Flamholtz (1986) の「良く定義できない『家族』志向の文化」(p.42) が存在していることを示唆する結果であった。これは「文化がない」としばしば表現されたりするものである。

しかしながら，ベンチャー企業の定義で頻繁にみられる「小規模な組織」という特徴から，派閥というものができるほど人員が存在していないのではないかということも考えられる。当然，個人間のいさかいは存在するだろうし，部門間のセクショナリズムも少なからず存在するはずである。ここでは，派閥というものが大きな係争や対立を生んでいるということが伺える。

以上のような無派閥性と凝集性との観点から，下位文化に関する仮説である仮説7「促進型でも対抗文化でもない適度な下位文化が存立に貢献する」は，全否定はされないまでも，支持されなくなった。すなわち派閥関連から対抗文化が存在していないということは，もともと適度な下位文化があることを示唆する一方で，忠実な促進型下位文化が貢献する可能性を示唆しているためである。また，派閥があっても存立していくことさえ想定できる。かくして，仮説7「促進型でも対抗文化でもない適度な下位文化が存立に貢献する」は棄却された。

5.2　経営状態記述統計より

次に示す表4-3は，回答のあった企業のみの経営状態についての記述統計である。数値は標本抽出台帳記載のものを集計した。

ここから存立の要因を導き出すことはできず，参考としてのみ提示するだけである。しかしながら一見すると標本抽出台帳としてのきわめて重要な課題が浮かび上がる。たとえば，従業員数1,278人や，創立86年などがみら

表4-3 経営状態記述統計

	創立 (箇月)	従業員数	平均年齢	資本金 (万円)	売上高 (百万円)	経常利益 (百万円)	利益 (百万円)
最小値	25.000	0.000	24.000	300.000	4.000	-333.000	-649.000
最大値	1040.000	1278.000	62.000	355500.000	47700.000	1700.000	900.000
中央値	352.500	47.500	36.000	5000.000	1000.000	20.000	5.000
最頻値	358.000	15.000	36.000	1000.000	1000.000	20.000	0.000
歪度	0.443	4.531	0.727	7.686	5.122	3.813	1.318
尖度	-0.258	27.219	1.266	82.159	34.030	21.405	14.488
平均値	360.406	92.909	36.705	12521.091	2802.893	91.604	36.604
標準偏差	196.888	146.442	6.095	27741.819	5236.234	197.444	130.448
標準誤差	11.405	8.483	0.353	1607.040	303.327	11.438	7.557
分散	38764.727	21445.288	37.145	769608537.086	27418146.574	38984.078	17016.806

出所) 筆者作成。

れ,「若い企業」や「小規模」といった,ベンチャー企業のイメージとは異なるものが含まれている,ということが把握できる。その場合,「はたしてそれでもベンチャー企業なのか」といった批判から免れるものではない。しかしながら,存立の要因についてのいくつかの知見が,ベンチャー企業のみならず大企業でも当てはまるのではないかということにもなりうるかもしれない。

6 仮説検証

6.1 企業存立に関する項目の仮説検証

すでにいくつかの仮説は棄却されたが,ここでは相関係数から仮説を検証する。質問項目・経営状態から,それぞれの相関係数を導出したところ,それぞれの相関係数は高いとはいえない結果となった。そのようななか,ベンチャー企業の経営に特に重要と考えられる,問20「以前に比べると経営が安定している」,問21「安定した財務を心がけるようになってきた」との質問項目と,その他の質問項目間の相関係数を提示する。

当然相関係数のみで特定の結論を出すということは,因果関係を無視したまま,それが実践的に有効であるという理論の飛躍の問題を有する。しか

し，ここではこれまでにない調査であり，可能性を重視するということから，その正負と統計的有意水準から，支持・棄却するということにしている。

問3「トップは創業時より革新的な事業に興味をもたない」と問20「以前に比べると経営が安定している」との相関をみることによって，仮説1「企業家の意思が弱化することが企業存立に貢献する」，仮説2「企業家の意思が強化すると企業存立に悪影響を与える」の仮説検証をおこなう。しかしこの作業によって導かれた数値は統計的有意ではなかった（問20：r＝−0.042，t＝0.725，p＝0.469；問21：r＝−0.085，t＝1.466，p＝0.144）。この相関係数の検定の結果，仮説1「企業家の意思が弱化することが企業存立

表4−4　企業存立に関する相関係数

質問項目	問20 r	t	p	判定	問21 r	t	p	判定
問1「トップは従業員に対し以前よりやわらかくなった」	0.197	3.456	0.001	*	0.140	2.438	0.015	*
問2「上司に対し自由に意見を言える」	0.200	3.513	0.001	*	0.143	2.488	0.013	*
問3「トップは創業時より革新的な事業に興味をもたない」	−0.042	0.725	0.469		−0.085	1.466	0.144	
問4「組織は創業時よりルールが多くなった」	0.185	3.244	0.001	*	0.151	2.628	0.009	*
問5「トップは経営理念やビジョンを強調する」	0.128	2.228	0.027	*	0.185	3.243	0.001	*
問6「トップが新規事業のイニシアティブをとることがなくなった」	−0.097	1.684	0.093		−0.119	2.067	0.040	*
問7「過去の成功が非常に参考になっている」	0.159	2.763	0.006	*	0.144	2.496	0.013	*
問8「過去の失敗が非常に参考になっている」	0.226	3.986	<0.001	*	0.236	4.181	<0.001	*
問9「トップは失敗に対して寛容である」	0.106	1.827	0.069		0.121	2.092	0.037	*
問10「トップのいうことが，常に正しいとは限らないと考える」	−0.102	1.767	0.078		−0.043	0.739	0.461	
問11「全体が同じ価値観で統一されていない」	−0.114	1.966	0.050		−0.102	1.761	0.079	
問12「意見が一致するのはまれである」	−0.120	2.083	0.038	*	−0.169	2.948	0.003	*
問13「意見の調整に関して，部門間で非公式な会合が開かれる」	0.083	1.438	0.152		0.168	2.933	0.004	*
問14「職場の全員が企業理念を知っている」	0.191	3.343	0.001	*	0.183	3.199	0.002	*
問15「派閥のようなものができた」	0.019	0.321	0.749		−0.012	0.202	0.840	
問16「従業員の間でユーモアのようなものがある」	0.189	3.320	0.001	*	0.151	2.625	0.009	*
問17「組織機構の改革や経営戦略の転換がなされやすい」	0.089	1.540	0.125		0.146	2.531	0.012	*
問18「新規事業の手がける部門は独自価値観を持っている」	0.110	1.896	0.059		0.116	2.009	0.045	*
問19「部下の価値観が経営を手助けていることがある」	0.060	1.028	0.305		0.143	2.478	0.014	*
問20「以前に比べると経営が安定している」	—	—	—		0.548	11.257	<0.001	*
問21「安定した財務を心がけるようになってきた」	0.548	11.257	<0.001	*	—	—	—	
問22「同業他社より画期的なアイデアが提案されている」	0.270	4.824	<0.001	*	0.236	4.175	<0.001	*

注）判定のアスタリスク（*）は，統計的有意（p<0.050）。
出所）筆者作成。

に貢献する」，仮説2「企業家の意思が強化すると企業存立に悪影響を与える」はともに棄却された。

以上のように，企業家の意思に関する四つの仮説，仮説1「企業家の意思が弱化することが企業存立に貢献する」，仮説2「企業家の意思が強化すると企業存立に悪影響を与える」，仮説3「第一の革新的事業が成功すると企業家は同じ手法を用いがちである」，仮説4「企業家の革新的な志向は，時間がたつと従業員に伝達される」はすべて棄却された。これまでの仮説検証作業によって，企業家の意思の強化は企業存立に悪影響を及ぼすものではないことが把握できた。

問2「上司に対し自由に意見を言える」との相関は，問20（r = 0.200, t = 3.513, p = 0.001），問21（r = 0.143, t = 2.488, p = 0.013）ともに正の相関であり，また，ともに統計的有意であった。上司に対し意見を発することが，経営の安定と相関をもつことが伺える。

逆に「経営が安定したから聞く耳をもつようになった」という逆の因果関係を有することも想定できる。しかし，Schein（1985）のいうように，逆らうには強すぎる企業家の存在といった観点から考えれば，安定したので民主的になったことよりも，民主的な状況が存立に貢献するといったもともとの仮定の内容のほうが一般性をもちうる。かくして，仮説6「従業員が意見をいえる状況が企業存立に貢献する」は支持された。

6.2 従業員の意思とグラフィカルモデリング

企業家の意思に対抗するものとして，従業員の意思に関する項目が保留されたままであった。この従業員の意思は，従業員側の革新的事業への志向性を意味するが，今回の質問項目では，推量することができない。そのため質問票回答の結果から因子分析をおこない因子を抽出することにした。この手法によって，従業員の意思のみならず，その他の潜在的な物事を把握することができた。

因子分析においては，主因子法を用いて，プロマックス回転を用いている。この理由は，第一に潜在因子を探索することを主眼としているからであ

72 第4章 ベンチャー企業の存立のための要因

表4-5 因子パターン行列

	F1	F2	F3	F4	F5	F6	F7	F8
〈和気藹々〉								
問15「派閥のようなものができた」	-0.716	0.149	0.189	0.218	0.120	0.020	0.118	-0.041
問2「上司に対し自由に意見を言える」	0.690	-0.039	0.168	-0.032	-0.074	-0.207	0.062	0.147
問16「従業員の間でユーモアのようなものがある」	0.614	-0.010	0.082	0.124	-0.005	0.187	-0.098	-0.081
問9「トップは失敗に対して寛容である」	0.475	0.303	0.233	-0.090	0.143	-0.446	-0.064	0.001
〈従業員の意思〉								
問18「新規事業を手がける部門は独自の価値観を持っている」	-0.249	0.883	-0.016	-0.165	-0.002	-0.131	-0.060	-0.008
問19「部下の価値観が経営を手助けていることがある」	0.138	0.590	-0.073	0.202	0.098	0.156	0.057	0.163
問22「同業他社より画期的なアイデアが提案されている」	0.060	0.452	0.145	0.127	-0.292	0.234	-0.032	-0.066
〈安定性・存立〉								
問20「以前に比べると経営が安定している」	0.030	-0.046	0.796	-0.100	-0.051	0.196	0.089	0.019
問21「安定した財務を心がけるようになってきた」	0.008	0.006	0.749	-0.064	-0.090	0.184	0.136	-0.110
〈殺伐〉								
問10「トップのいうことが,常に正しいとは限らないと考える」	0.114	-0.008	-0.161	0.831	0.010	0.107	0.038	0.049
問12「意見が一致するのはまれである」	-0.417	0.128	-0.063	0.534	0.108	-0.055	-0.107	-0.005
問11「全体が同じ価値観で統一されていない」	-0.413	-0.030	0.145	0.515	-0.184	-0.331	0.039	0.027
問14「職場の全員が企業理念を知っている」	0.145	0.357	0.010	-0.383	-0.008	0.253	0.176	-0.044
〈企業家の意思の低下〉								
問6「トップが新規事業のイニシアティブをとることがなくなった」	-0.013	0.025	-0.118	-0.012	0.846	-0.013	0.092	-0.095
問3「トップは創業時より革新的な事業に興味をもたない」	-0.114	-0.038	-0.002	0.020	0.813	0.132	-0.009	0.054
〈過去からの学習〉								
問7「過去の成功が非常に参考になっている」	-0.142	0.023	0.252	-0.060	0.084	0.763	-0.200	0.058
問8「過去の失敗が非常に参考になっている」	0.153	-0.002	0.195	0.070	0.010	0.555	0.150	0.018
〈企業家による柔軟性〉								
問4「組織は創業時よりルールが多くなった」	-0.054	-0.341	0.306	0.016	0.144	-0.084	0.771	0.019
問5「トップは経営理念やビジョンを強調する」	-0.236	0.282	0.061	-0.269	-0.049	0.006	0.571	0.142
問17「組織機構の改革や経営戦略の転換がなされやすい」	0.204	0.312	-0.159	0.210	-0.034	-0.086	0.519	-0.169
〈従業員の分散度〉								
問13「意見の調整に関して,部門間で非公式な会合が開かれる」	0.044	0.065	0.384	0.064	0.100	-0.055	-0.127	-0.734
問1「トップは従業員に対し,以前よりやわらかくなった」	0.165	0.162	0.256	0.165	0.060	0.025	-0.089	0.693

注）最大因子負荷量を点線で囲んでいる。
出所）筆者作成。

る。第二の理由として，質問の内容からそれら探索された因子が無相関にはならないはずであって，それらの間の関連性をみることが重要課題であると考えたからである。この理由により，固有値1以上の因子をすべて抽出することとした[8]。ここから，八つの因子を見つけることができ，第1因子から順に，「和気藹々」，「従業員の意思」，「安定性・存立」，「殺伐」，「企業家の意思低下」，「過去からの学習」，「企業家による柔軟性」，「従業員の分散度」

と命名したのであった。

　第1因子の解釈作業がはじめに手がけられたので，当初本因子を「従業員の意思」と命名した。しかし後述するように第2因子が従業員のイノベーションに対する姿勢を意味し，第4因子が，質問票調査以前に想定していた従業員の意思といった観点から捉えていたため，第1因子を「和気藹々」とし，第4因子を「殺伐」としたのであった。

　質問項目では，問15「派閥のようなものができた」，問2「上司に対し自由に意見を言える」，問16「従業員の間でユーモアのようなものができた」，問9「トップは失敗に対して寛容である」，問12「意見が一致するのはまれである」，問11「全体が同じ価値観で統一されていない」に該当し，問15，問12，問11が負の因子負荷を持っている。社内全体が和気藹々とし，一体感を持っている状態が想定された。これは質問票調査以前から考えていた従業員の意思の条件であったため，「和気藹々」と命名したのであった。

　第2因子は，質問項目では問18「新規事業を手がける部門は独自の価値観を持っている」，問19「部下の価値観が経営を手助けしていることがある」，問22「同業他社より画期的なアイデアが提案されている」に該当したため，「従業員の意思」と命名した。質問項目から組織の多様性がアイデアの提案に役立つといった内容が見られる。類似した研究にWilson（1966）をあげることができる。彼は，イノベーションと組織の多様性との関係で，組織の多様性が高まるほど構成員がイノベーションを思いつき提案される，ということを説明した[9]。

　第3因子は，質問項目の問20「以前に比べると経営が安定している」，問21「安定した財務を心がけるようになってきた」といった項目であったので，「安定性・存立」とした。この因子が筆者の一連の研究の目的に合致するものである。したがって，本因子に対する影響を探ることが関心事になる。

　第4因子は，問10「トップのいうことが，常に正しいとは限らないと考える」，問12「意見が一致するのはまれである」，問11「全体が同じ価値観で統一されていない」，問14「職場の全員が企業理念を知っている」であっ

た。問14に関しては，その設問の最大因子負荷量が第4因子であったため，ここに挿入している。ここから，トップに対し反抗的であり，なおかつ社内が殺伐とした雰囲気に包まれていることが想定された。トップに対するなんらかのアクションであり，従業員の意思に関することであったため，前述のように第1因子を「和気藹々」，第4因子を「殺伐」とした。この第1因子と第4因子とが極めて低い相関係数（0.008）で結ばれている（あるいはほとんど相関がない）のは興味深い。

第5因子は，問6「トップが新規事業のイニシアティブをとることがなくなった」，問3「トップは創業時より革新的な事業に興味をもたない」に負荷が見られた。第3章において展開された企業家の意思に近いものであって，それが低下していくことから「企業家の意思の低下」と命名したのであった。

しかしながら，企業家の意思の低下がそのままリーダーシップの低下を意味するものではない。因子負荷量の高い質問項目には，「新規事業」や「革新的な事業」に限定して行われているので，この部分だけに限り低下すると解釈できる。逆にいえば，リーダーシップ自体については本調査では明らかにならない。

第6因子は，問7「過去の成功が非常に参考になっている」，問8「過去の失敗が非常に参考になっている」，問9「トップは失敗に対して寛容である」といった質問項目によるものであって，問9が負の因子負荷を持っている。したがって「過去からの学習」と命名したのだが，トップが失敗に対して寛容ではないところにこの因子の特殊性がある。

第7因子は，問4「組織は創業時よりルールが多くなった」，問5「トップは経営理念やビジョンを強調する」，問17「組織機構の改革や経営戦略の転換がなされやすい」からなりたっている。高い公式化と企業家主導が特徴であり，組織の柔軟性が高いことから「企業家による柔軟性」と命名した。

第8因子は，問13「意見の調整に関して部門間で非公式な会合が開かれる」，問1「トップは従業員に対し以前よりやわらかくなった」といった項目であって，問13に負の因子負荷がある。部門間の調整もトップからの圧

力もないので,「従業員の分散度」とした。

　この測定に利用するグラフィカルモデルとは,いくつかの頂点とそれらを結ぶ線や矢印によってなんらかの関係を記述する,離散数学の一分野である「グラフ理論」におけるグラフのモデルである。ここから推論する作業をグラフィカルモデリングという（宮川,1997）。この作業は,全部の変数間に矢印がある状態からはじめ,自由度,逸脱度,p値を監視しつつ切断,接続していくといった手順をとる。ここでは,特に仮説の支持や棄却のみを目的として用いるのではなく,グラフィカルモデルの長所である「視覚的に把握しやすくできる」という理由でこの方法を用いた[10]。原則として,抽出された因子のみを用いること,統計的有意であること,係数が0.1未満の線は消去することとした。これにより,第8因子「従業員の分散度」は消去されることとなった。

　因果順序として,結果系である第二段階に,存立に関わる第3因子「安定性・存立」と第2因子「従業員の意思」を設定し,それ以外の因子を原因系である第一段階に設定した。

　このモデルには相関係数・パス係数・決定係数（R^2）といった諸係数が低く,残差（e）が大きい,という欠点がある。これは諸変数が今回判明しなかったその他の要因によって影響されていることを意味する。したがってベンチャー企業の存立に関して,このモデルによってすべてがあきらかになったとはいえない。しかしながら,ベンチャー企業組織が,おかれている環境に大いに左右され,しかも「今回判明しなかったその他の要因」が単一のものとは限らないので,組織内の構成員の影響により,ある一定の影響が見られたことは重要な事項である。なお各指標を見ると適合度は比較的良好であるといえよう。すなわち,ここで見出されることは他の要因があるにせよ,基本的にはこのモデルにそってベンチャー企業の存立に関する図式が存在するということなのである。以降の考察はこのモデルを用いておこなうこととする。

　第3因子「安定性・存立」に影響を与えているのは,第2因子「従業員の意思」（正）と第6因子「過去からの学習」（負）である。前者について,従

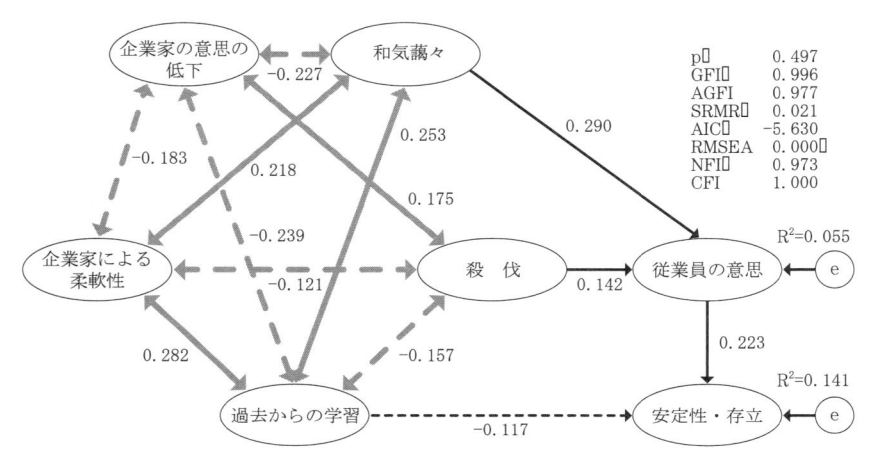

76　第4章　ベンチャー企業の存立のための要因

p	0.497
GFI	0.996
AGFI	0.977
SRMR	0.021
AIC	-5.630
RMSEA	0.000
NFI	0.973
CFI	1.000

[グラフィカルモデル図：企業家の意思の低下、和気藹々、企業家による柔軟性、殺伐、過去からの学習、従業員の意思、安定性・存立の各要因間のパス係数および相関係数を示す。主な数値：-0.227, -0.183, 0.253, 0.290, 0.218, 0.175, -0.239, -0.121, 0.142, 0.282, -0.157, 0.223, -0.117。$R^2=0.055$、$R^2=0.141$]

注1）灰色両側矢印は相関であり、黒の片側矢印は因果影響である。また、直線は正の関係をあらわし、破線は負の関係をあらわす。
注2）各係数のうち1未満のもの、および統計的有意（p<0.050）に達しなかった線は削除している。これにより第8因子は削除された。
注3）矢印に付随する数値はパス係数であり、eは残差を、R^2は決定係数をあらわす。
出所）　拙稿（2005a）23頁。

図4-2　企業存立をめぐる従業員の意思のグラフィカルモデル

業員の意思と存立との因果が正であったため、従業員の意思は存立の要因であったことになり、仮説5「従業員の意思が強くなるほど企業存立に貢献する」は支持された。この内容を具体的に考察すると、社内に画期的なアイデアがでれば新規製品あるいはサービスが開発され存立に正の関係をもたらすものだと理解できる。また作業上の改善についてアイデアを出して、それがコスト削減をもたらし、存立に寄与することが考えられる。

次に後者の関連は、トップ主導の学習が存立に対してマイナスであることを意味する。重要なことは、問7と問8の学習に関する質問項目と問20と問21の存立に関する質問項目が正の相関を示していたのであるが、トップが厳格であるという条件がついた第6因子であれば負になる点である。したがって、成功や失敗からの学習は存立に関して重要であるけれども、トップが失敗に対して厳格である場合には過去からの学習が企業存立の妨害要因になる、ということがいえる。

第2因子「従業員の意思」に影響を与えるのは第1因子「和気藹々」と第4因子「殺伐」である。相関のほとんどない第1因子と第4因子が，従業員の意思，イノベーションに正の影響を与え，しかも，それらは相関も因果もみられなかったため，直線上の両極に存在するのではなかったということになったことは興味深い発見事実である。

第4因子と第2因子，第3因子とだけに注目してみると，構成員の価値観が多様であればあるほど，不確実で曖昧な事象がその分増加し非効率になるはずで，構成員がその組織にとどまらないのではないか，といった疑問が生じる。しかし，心理学では，有能感をもつ人物が好んで曖昧性を有する環境に居残ることが実験され証明されている（Heath & Tversky, 1991；増田・坂上・広田, 2002；拙稿, 2004c）。この曖昧性の志向性から，ベンチャー企業の構成員は，自社がもつ技術に他社と比較した場合に有能感を持っていると考えることもできる。類似した事例として，高度に曖昧な状況のなか，構成員が高いコミットメントをもつコンサルティング会社であるユニバーサル社を挙げることができる（Robertson & Swan, 2003を参照せよ）。

第1因子「和気藹々」と相関するそれぞれは，第5因子「企業家の意思の低下」と負の相関，第7因子「企業家による柔軟性」と正の相関，第6因子「過去からの学習」と正の相関であった。和気藹々とした雰囲気が，つまるところトップの厳格さを助長するものであることが伺える。

第4因子「殺伐」と相関するそれぞれは，第5因子「企業家の意思の低下」と正の相関，第7因子「企業家による柔軟性」と負の相関，第6因子「過去からの学習」と負の相関であった。これは第1因子とは逆の関係で結ばれていることでもある。したがって，殺伐とした雰囲気はトップの厳格さを弱めるのである[11]。

全体を通してみると，第4因子は問題なく関連しているようにみえる。逆に，第1因子と第6因子「過去からの学習」との関連においてはコンフリクトがみられる。第1因子と第6因子は正の相関である。簡略していえば，和気藹々とした雰囲気が，従業員主体のイノベーションを促し，存立に貢献する一方で，トップ主導の失敗を許さない学習と正の関係をもち，存立に悪影

響を与えることを意味する。第1因子は存立に対して正の関係を持つ因子と負の関係を持つ因子との二つに対して正の関係をもつのである。

　第5因子「企業家の意思の低下」を逆転させた「企業家の意思の強化」を想定すると，それに関わる相関係数はすべて正負が逆転するはずである。この仮定の下では，第5因子，第6因子，第7因子はすべて正の相関となり，その三因子はすべて，第1因子とは正の相関，第4因子とは負の相関になる。この三因子をひとつのものとして考えるならば，それは企業家の独断による経営といった解釈ができる。和気藹々と殺伐が従業員の意思に影響し存立に寄与する。トップ独断の経営が存立に負の影響を与え，それは和気藹々と正の相関をもち，殺伐とは負の関係をもつ。これはこれまで展開されたことと矛盾しない[12]。

　因子解釈で説明したように，第5因子はリーダーシップまでを含めた内容にはならない。企業家がリーダーシップを低下させれば，企業の成長は不十分なものとなる。この視点においても，企業家は革新的事業への志向性を失ってはならないし，リーダーシップも有しなければならないはずだが，独裁者になってはならないことになる。それが具体的にどういった人物像であるのかは本調査では明らかにならない。

7　小　　括

7.1　支持された仮説

　まずここで検証された仮説をみてみる。表4－6はこれまでの仮説検証作業から提示されたものである。仮説1「企業家の意思が弱化することが企業存立に貢献する」および，仮説2「企業家の意思が強化すると企業存立に悪影響を与える」は，相関係数の結果から棄却された。むしろ企業家の意思がイノベーションを振起し，よい結果をもたらすものであることがわかった。仮設3「第一の革新的事業が成功すると企業家は同じ手法を用いがちである」および仮説4「企業家の革新的な志向は，時間がたつと従業員に伝達さ

7 小 括

表4-6 仮説一覧

仮説番号	仮説内容	検定結果
仮説1	企業家の意思が弱化することが企業存立に貢献する	棄却
仮説2	企業家の意思が強化すると企業存立に悪影響を与える	棄却
仮説3	第一の革新的事業が成功すると企業家は同じ手法を用いがちである	棄却
仮説4	企業家の革新的な志向は，時間がたつと従業員に伝達される	棄却
仮説5	従業員の意思が強くなるほど企業存立に貢献する	支持
仮説6	従業員が意見をいえる状況が企業存立に貢献する	支持
仮説7	促進型でも対抗文化でもない適度な下位文化が存立に貢献する	棄却

出所）筆者作成。

れる」は記述統計から棄却された。

　企業家の意思関連の仮説は棄却された。それではワンマン状態がよいのであろうと想定されたがこれも棄却される。従業員関連において，重要な仮説である仮説5「従業員の意思が強くなるほど企業存立に貢献する」が因子分析・グラフィカルモデリングの結果として支持され，仮説6「従業員が意見をいえる状況が企業存立に貢献する」が相関より支持された。以上に示されたように従業員側のパワーが企業存立に必要なのである。

　記述統計，相関係数，グラフィカルモデリング等によって，仮定された内容と一致し統計的有意であれば，仮説を支持し，そうでなければ棄却してきた。本章で事実によって支持され，明らかになったことは以下の二つの仮説であった。

仮説5：従業員の意思が強くなるほど企業存立に貢献する

仮説6：従業員が意見をいえる状況が企業存立に貢献する

　ベンチャー企業の存立のための組織として有効なのは，次の四点を有するものである。第一に，従業員が革新的事業への志向性を持っており，第二に，従業員からの意見があがってきており，第三に，過去の失敗から学習し，第四に，画期的なアイデアが提案されているような組織を有している企業である。このような組織になるように企業家が心がければベンチャー企業が致命的失敗を起こさずに事業を継続していくことができるはずである。

7.2 重要な発見事実

仮説を棄却していくなかでいくつか重要な発見事実がある。

発見事実1：企業家の意思は多重的概念であった

発見事実2：企業家の革新的事業への固執は永続するものである

発見事実1「企業家の意思は多重的概念であった」について，まず企業家の意思という概念が多重的で曖昧であったことを省みなければならない。革新的事業への固執はすなわち従業員への圧力になるものと考えていたが，実際はそうではなく，その二つの面を見ていたのであった。

発見事実2「企業家の革新的事業への固執は永続するものである」については，まず問3の質問意図を説明する。問3のそもそもの質問意図は，革新的事業への固執の程度が低くなっていくはずだという仮定に基づくものであった。いくつかのベンチャー企業を比較した結果として，この事実は導き出された。しかしながら，今回の調査結果から，そのことは覆され，企業家の革新的事業への固執は時間とともに容易に低減することはなく，むしろ強化されさえするかもしれないことが把握できた。

発見事実3：ベンチャー企業では派閥ができにくい

この事実は記述統計量から伺えることである。下位文化関連の仮説は部門になにか適度な文化的なものあるいは圧力が存在するという仮定のもとたてたものであった。ベンチャー企業においては，派閥ができにくい，すなわち一枚岩の組織が想定できたため，下位文化に関する仮説は棄却された。しかしながら，「派閥のようなものができた」の問いかけに対して回答者にバイアスがかかってしまったのではないか，という疑問もここにはある。

7.3 調査上の問題

今回の調査では多くの場合，相関係数を用いて関係性から仮説を支持・棄

却する作業をおこなった。これは可能性を重視し，一部でも支持する内容であれば支持することを重視したものであって，厳密に支持された諸仮説が普遍的な科学の命題になったわけではない。相関係数には因果を特定できない点や擬似相関の疑惑を有する点などが問題として存在する。したがって，質問票調査については，あらゆる角度からの再調査を実施し，検証していかなくてはならない。

　鍵概念である企業家の意思と従業員の意思は，今回の質問票調査で，多重的であることが明白になった。第一に企業家の意思をめぐることでは，それに関する質問項目から，容易に弱化せず永続することがわかった。第二に，学習に関する質問項目自体が存立に関する質問項目に対し正の相関を持っているのに対し，失敗に厳しいトップからの圧力がある（第6因子：「過去からの学習」）と存立に負の影響を与える点が明らかになった。後者については，仮説を支持する内容であったが，相関や因子分析では特に目立った点はない。

　従業員の意思，すなわち従業員のイノベーションへの固執はベンチャー企業の存立の要因であることがわかった。その従業員の意思は和気藹々と殺伐との一見相容れないような因子によって支持されていた。結果として，その和気藹々と殺伐との両因子は存立に対し間接的に役立つのだが，和気藹々とした雰囲気は失敗を許さぬ企業家の学習と正の関係にあり，間接的に存立に対し負の関係にもある。

　上記の知見から，本調査でベンチャー企業の存立のための経営に資する二つの示唆は，第一に企業家は新規事業への関心を失ってはならないこと，第二に民主的な組織を形成することである。

　当初想定していた諸事項が存立の要因となることがわかった一方で，高い残差が示すように，その他に要因があるはずであり，そこにも目を向ける必要がある。今回の調査結果から得られた知見を実践にもちこむため，および研究の発展のために，次に示すここでの限界，もしくは問題点を考えておく必要がある。

　第一に，標本抽出台帳の問題である。『日経ベンチャー年鑑』は，資本金

がいくら，従業員が何人，創立何年といった規定はなく，新聞や雑誌等で注目された会社がベンチャー企業として掲載されている[13]。そこには，「創立間もない少人数の会社」といった一般的なイメージからかけ離れている企業も掲載されている。たとえば記述統計量の最大値をみれば，創業86年目といった老舗のような会社や，従業員数1,278人といった大企業並みの会社などがある。この問題について，解決策を模索する余地が十分にある。

第二に調査票の問題である。検証的に同様の質問票を配布することも重要であるが，質問内容を変え，存立に関するなにかを追究する調査もまた重要である。質問項目を増やせば回収率が下がることもいわれているため，この点については検討することとする。

第三に，前提の問題である。ここでは，ベンチャー企業の存立として，企業家の意思の強化を防止するような従業員側の圧力が必要であるとした。しかし，経営者が無謀だと考えられた意思決定が結果的に成功し，事後的に正当化され新戦略の形成へとつながるような場合がある。これは企業家の意思が強い状態であり，付随したあるいは全く別個の要因が存立に貢献している状態であることになるだろう。このような場合には，企業家の意思の強化と事業の成功が正の相関をなし，全く逆のことが結論となる。こういった実際の問題について全く触れていない。理論的前提について再考する必要があるだろう。

以上の理論的および用語の課題がクリアされたとしても新たな問題が明らかになる。ここでは，企業家の意思を弱化させるための関係を社内の環境だけでしか考えていない。たとえば，ベンチャーキャピタルやエンジェルなどとの関係では，企業家の意思はどのようになるのか，などを考慮にいれていない。

以上のことを念頭に入れて研究および調査を継続していくこととする必要がある。その場合，より具体的で，多様なものの変化を見ていかなければならず，そのために適した方法はインタビュー調査にもとづくケーススタディである。この手法は，実際にどのようなことがベンチャー企業の経営の場で行われているのかについての詳細を見るのに適していると考えられる。以上

のことから，続く章では，インタビュー調査の結果からケーススタディをおこなう。

注

1) 拙稿（2004a）による。この時点では，計36社の事例分析によるものであったが，実証研究を課題としていた。
2) 筆者も1980年代の文化論をみて，これまで「ベンチャー企業の企業文化」と銘打った一連の研究をしてきた。
3) もちろん，研究の発展とともに，何が同じで何が変わったほうがよいのかという点はいずれ見る必要はあるのだが。
4) ナット・アイランド効果とは，信頼されている舞台裏的な仕事をする部門が，トップ・マネジメントの信頼からくる無視とともに，勝手なルールの策定や上部に対抗するような集団となる。これを下位文化の文化変容とみなした（拙稿，2004b）。
5) 「文化」という用語を使用しているが，ここでは集団圧力のようなものを想定しているため，文化それ自体であるかどうかの議論は避ける。
6) 日本経済新聞社・日経産業研究所編（2004）『日経ベンチャー企業年鑑』日本経済新聞社。ただし，本年鑑が規定するベンチャー企業とは，前年より急激に売上高が上昇した，最近新聞等で注目されたなどの条件のみであり，具体的な資本金，従業員数などの規程を設けていない。
7) 必要標本サイズ（n）は，次の式によって求めた。

$$n = \frac{N}{\frac{(N-1)e^2}{K(\alpha)^2 P(1-P)}+1}$$

母集団（N）を年鑑の掲載対象企業（掲載されている2,319社だけではない）であった5,215社として，誤差確率（α）を10%，誤差許容値（e）を5%とした。なお，類似した研究が見つからなかったため，母割合の予想値（p）を50%で計算したのであった。
8) 固有値1基準については，Stevens（1996）p.366 からを参照せよ。近年では因子採択は，スクリープロットを利用したプロット法によるものが一般的である。しかしながら，Stevens（1996）の基準では，固有値1以上の説明はn>250 かつ平均共通性0.600 以上の場合に固有値1基準が使用可能となる。そして，本研究がなるべく多くの潜在的な要因を提示すべき立場にあるので，固有値1基準を使用し，多くの因子を抽出したのであった。
9) Wilson（1966）の第一仮説と第二仮説によるものである。また，多様性が高まるとイノベーションの実施の妨げになるという第三仮説を含めた実証として，咲川（1998）をあげることができる。
10) グラフィカルモデルでは，顕在変数とあわせて潜在変数を取り扱うが，テーマから潜在変数のみを取り扱った。ここでは，因子自体を顕在的に見立てて展開しているが，もともと潜在的なものであるため楕円で囲っている。
11) 和気藹々と厳格さが相関するというのは，非常に矛盾しているように思える。しかし，あくまで因子解釈に伴い，よりよい表現ができないというだけであって，和気藹々それ自体と厳格さそれ自体ではないことは明らかである。よりよい表現はいわゆる「なれあい」や「ナアナア」といったものかもしれない。
12) 次の二点は注意が必要である。第一に，程度を一切無視しているという点である。たとえば，殺伐さが従業員主体のイノベーションを生み出し存立に寄与するといっても，殺伐すぎてコミュニケーションが全くとれない状態が存立に寄与するのだろうか，という疑問が生じる。逆に和

気藹々とした雰囲気が従業員の意思に対して負の原因となるといっても，存立に対して最適な条件あるいは程度があるはずである。このような疑問にこたえられる段階に本研究はいたっていない。第二に，多重的であったそれまでの概念規定の詳細がわかったというのに再度多重的なものに戻ろうとすることにつながることである。

13) 筆者の電話による問い合わせによる。ただし，未上場の会社であることが記載の条件であるという。

第5章
ケーススタディ：F社[*]
―― 創業間もないベンチャー企業――

1 はじめに

　第4章において，ベンチャー企業の一般的性質をさぐり，仮説検証の結果，いくつかの仮説が支持され，一方では新たな発見事実もあった。しかし質問票調査のような手法では，どうしても表面的な事実しか得られず，具体的になにがあるのかということに説明ができない。
　ケーススタディをおこなう理由は，先に提示したように，質問票調査では得られない事実の深層の部分に触れるためである。ケーススタディは，① 少数のケースについて，奥深い分析が可能，② 実態や因果関係について全体像を提供することが可能，③ 時系列的・歴史的な動きや変化を捉えることができる，という長所をもつ。その反面，普遍性をもち得ないという欠点や研究者の恣意的判断が介入しやすいという欠点を伴う（咲川, 1998）。
　まず本章では，設立間もないベンチャー企業である有限会社 F（以下：「F社」と表記）の事例を取り扱う。第7章においては，グループにおける翻訳業を営むベンチャー企業として，株式会社 S を取りあげる。第8章では，質問票調査において極めて安定してきたことが伺えた福祉関連企業の日本オートランニングシステム株式会社の事例を説明する。次に，顧客満足を至上の理念とし，世界水準のガーバーデータ編集システム技術を保有するダイ

---

[*] 本章は，中村久人（2003）『若き企業家の伝説』東洋大学経営学部に基づく。この研究は東洋大学平成15年度重点施策事業として展開され，筆者はそのアシスタントとして代行インタビューをおこなった。インタビューは，2003年11月19日（水）に，新橋にあるFの本社でおこなわれた。特に脚注のない場合はこのインタビュー内容にもとづくものである。

ナトロン株式会社を第9章において取り上げる。第10章では，仮説構築編で失敗する確率が高いと考えられた発明家社長のリーダーシップが発揮されているフィーサ株式会社を取り上げる。

　これらのケーススタディはインタビュー調査と，会社のパンフレットや諸資料，ホームページから作成されている。そのサンプリング対象は，本章で取り扱うF社をのぞき，2004年5月に行われた質問票調査の結果からおこなっている。方法として，その抽出条件は，① 安定していると回答していること，② 東京都内であることとの二つであった。上記①については，問20「以前に比べると経営が安定している」および問21「安定した財務を心がけるようになった」という二つの設問にについてともにリカート尺度の2以下（「どちらかといえば同意する」，「全面的に同意する」に相当する）の数値を解答している企業が対象ということである。したがって，いずれかに3，4，5と回答した場合は本調査の対象とはならない。また資金・時間等の制約から上記②の条件を設定した。そのため，ほかの地域との差異を検討することなどはできない。

　この二つの抽出条件をみたした企業が33社であった。これらの企業にインタビュー調査の依頼文を送付し，インタビュー許可を得られたのが4社であった。もちろんこれは統計的な有意をみたすものではない。4社のうち1社が匿名での掲載を希望した。得られたデータは文章にして各社の担当者に確認をとってもらった。

　本章で取り扱うF社のインタビュー調査は，質問票調査の行われる前の段階で下位文化を考察したときのものであり，以上のような基準によって選ばれたものではない[1]。本調査において注目された事実は代表取締役社長のM氏の人物像とM氏とは異なった価値観をもつ集団の存在とそれが経営に与える影響であった[2]。

　ここで得られる内容は創業間もない会社の人間関係や文化といったものであるために，創業時においていかにして生き残るかといった内容に十分にこたえることのできるものである。

2　F社概要

2.1　会社概要

　会社の概要は以下に示すとおりであり，システム運営およびコンサルティングを取り扱う創業して以来間もない若い会社である。創業経営者であるM氏は，都内の私立大学を卒業後，1年でこの企業を設立した。情報システムとそのコンサルタントという新規的な技術をもって創業した企業家である。

　本書で記載されている内容はすべてインタビュー調査のおこなわれた2003年11月時点のものであって，ここからどのような組織体をもった企業が飛躍的に成長することが可能なのかを知ることができる。表5-2は比較的新しいデータをもとに作成されているが，インタビュー調査を実施したと

表5-1　F社概要

社　名	有限会社F
代表取締役	M氏
設　立	2002(平成14)年
資本金	600万円
従業員数	8名
事業内容	情報システムに関するコンサルティング及び技術支援
	情報システムの企画，開発，管理運用業務全般
	情報システムに関する商品の販売
	情報システムに関する商品の輸出入
	ユーザーサポート業務の支援
	前各号に付帯する一切の業務
過去実績	教育支援システム開発
	レンタルサーバー
	携帯公式コンテンツシステム構築・運用
	大規模WEBサイトシステム構築・運用
	オンラインメールマガジン出版サービス企画・運営
	XML文書公開システム開発
	インターネットサーバ管理運用サービス
	「MHS」企画・運営

出所)　F社ホームページなどより一部修正して筆者作成。

表 5-2　F 社 2005 年の現状

資本金	600 万円（2005 年 2 月現在）
売上高	1 億 5,000 万円（2005 年 2 月現在）
従業員数	22 名（2005 年 9 月現在：アルバイト含む）
平均年齢	26 歳

出所）各種資料より筆者作成。

きよりはるかに成長したことをうかがうことができる。表 5-1 と表 5-2 との比較では，従業員数のみでしかできないが，それでも三倍弱の増加を見せている。

2.2　事業内容

　システムコンサルティング事業は，顧客の業務内容を分析し，ニーズにそった情報システムの企画や設計をおこなうものであり，およそ次のような流れでおこなう。システム構築の際に顧客の要望に応じて設計をおこなうことが第一の仕事である。顧客の希望する内容に基づいてシステムエンジニアやプログラマーが実際にプログラムを組み上げることが第二の仕事である。そのため，この会社には，システムに関する技術面での能力と，業務処理や企画に関する能力との双方が要求されるのである。

　特に情報システムとは，情報を適切に保存・管理・流通するための仕組みである。このシステムの構造は，コンピュータによるもので，接続されたネットワークと制御するソフトウェアがある。通常それぞれの情報はフォーマットによって異なっており，企業においては家庭用のパーソナルコンピュータのみではなしえない複雑な問題を解決するような高度なものが要求される。他方では情報システムは，こういった運用するための体制といったものをも含むとも考えることがある。情報システムはコンピュータシステムと同義として用いられる。

　IT ビジネスにおいて，サーバおよびネットワーク機器の導入・保守・管理・運用は，最重要でありながら最も労力を必要とし，コスト削減の妨げになる要素である。また，顧客からの問い合わせに対応するコンタクトセン

ターは，企業イメージに直接的な影響を与える点において，スピードおよびクオリティが高く要求される部門である。

企業は，非常に高度な専門性を要求しながらも，創造的な業務ではないルーチンワーク的な仕事をアウトソースする必要性がある。なぜならば，ルーチンワークにかける人的資本・時間といったものを，本来おこなうべき主たる業務に集中させることが可能になるからである。

F社の事業は，このような内容に対応するものである。システム関係の専門技術が要求されるサーバおよびネットワーク機器類の保守管理業務を一括して請け負うサービスを提供している。データセンターの選定から保守・管理・運用までのほぼ全般にわたってF社がおこなうのである。特に，次に示すように，① サービスメニュー，② データセンター，③ 運用管理の教育訓練，④ 低料金・高品質を突出部として事業を展開している[3]。

企業内にあるシステムでは顧客それぞれが異なる環境・構成をもっているため，対応しにくいという現実が存在する。F社では，このような異なった環境や構成に対応できるように，きめ細かなオプションを設定している。とくに環境・構成について要望の多いサービスをおこない，サービスメニューの拡充を目指している。

F社は最新鋭のデータセンターと契約している。そのため，顧客はいくつかのデータセンターのなかから，ニーズにあった最適なセンターを選択することができる。

顧客となる企業では，導入されたシステムを常時監視し，障害発生時に即座に対応する人材が必要となり，そのためにシステム担当への教育が重要となる。F社では，徹底した訓練と，日々変わり行くIT分野への理解を深めるための社内教育が必要不可欠であるため，定期的に社員教育も実施している。

以上の特徴に加え，F社では，システムの効率化を徹底的におこなっている。これによって高品質なサービスを低料金で提供することが可能になっている。常に低コストでハイパフォーマンスのサービスを維持することで，顧

客にとってのより良いサービスの実現を可能にしている。

　次に，F社の特徴について展開するが，ユーザーサポートを第一義的とする当社において，④ 低料金・高品質にかかわる事項が注目される。顧客にとってのよりよいサービスのために，新システムの導入一本槍でコンサルタントをおこなわない点が顕著となる。

　F社の主たる業務は情報システムに関するコンサルティングおよび技術支援である。コンサルティングや技術支援といったこの業務において，F社は，ユーザーサポートを第一義的としており，ユーザーの利益まで出して，コスト面からあるシステムについてのアドバイスをおこなう。

　顧客に応じて多様なアドバイスをすることになるが，このアドバイスのなかには「手作業に戻したほうがよい」というものさえある。これは，システムを入れれば，その分人材を必要としなくなるが，手が空いた人間のコストなどを考えれば，手作業に戻すなどのアドバイスをして経費を削減したほうが相手にとってプラスな場合もあるためである。このような時に「手作業に戻す」というアドバイスをするコンサルタントの役割を果たすのである。

　一方でシステムの開発，管理運用業務全般をおこなっているので，この分野への利益を考えれば非常に矛盾しているようにもとれるが，ユーザーサポートを第一義とする顧客満足の企業理念が，このようなアドバイスに結びついている。

　システム系の事業に加え，F社は携帯コンテンツも手がけている。携帯電話は他のコンピュータとは異なり，誰でも手軽に使えるものである。現在，同社は携帯コンテンツのノウハウが蓄積され，成長を遂げている。

2.3　健全な財務体質

　F社には，コンピュータシステムを駆使した「財務システム」が存在する。これは，月ごとの貸借対照表，損益計算書，キャッシュフロー計算書を出力するものである。次に示す写真5-1のように，プリントアウトすると，A4用紙一枚で，一目でわかるように設定されている。

　創業前に，M氏は売上目標の設定に苦悩し，貸借対照表，損益計算書，

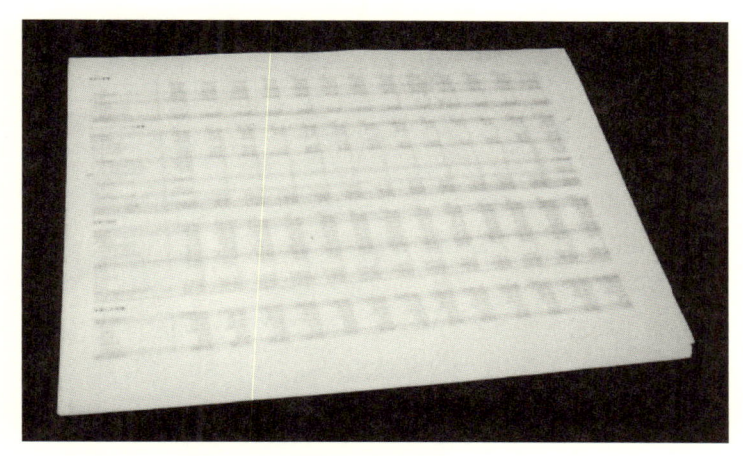

注）2003年11月19日（水）F社本社にて撮影。

写真 5-1　財務システムで出された月ごとの数字

キャッシュフロー計算書といった書類を作り出す必要性にせまられた。この経験が基礎となって現在の同社の財務システムが作られたものであった。

　毎週このシステムに項目を入力していくために、いつでも会社の財務状態が確認できる。例えば他社がこのビジネスに参入するとどうなるかなど、情報が入ってくればすぐ数字に反映されるようになっている。これにより、シミュレーションが容易になり、何月にキャッシュがなくなるから、どこからいれるか、あるいは返済を遅らせられるか、などをすぐ問題として提示することができ、すばやい対策を練ることができる。M氏は次のように説明した。

　「財務システムを作ったのですよ。月ごとの貸借対照表、損益計算書、キャッシュフロー計算書を出せるのです。三つの項目が別々だったからわかりにくかったのですが、これだったらA4一枚ですぐわかります。何月にキャッシュがなくなるから、どこからいれるか、あるいは返済を遅らせられるか、などがシミュレーションしやすいのです。毎週項目を入力していきますので、その都度確認できます。あと、例えば他社がこのビジネス

に参入するとどうなるかなど情報が入ってくればすぐ数字に反映されるようになっています。そしてそれをシミュレーションします。」

失敗するベンチャー企業の多くは，資金繰りに問題があり，経営を悪化させるのである。もともと倒産が「資金のなくなった結果」であるため，計画性のある資金繰りは非常に重要なものである。

M氏自身も認めるように，F社におけるこのようなしっかりとした財務管理が企業存立の要因となっている。週単位での計算によって，すばやい対策が可能になっており，明らかに危険であることはおこなわない。一方で，しっかりと予測を立てた上であらゆることをやってみるというM氏の姿勢は企業家の要素を持っているともとれる。

3 企業家の人物像

企業における文化の中心人物は企業家であるため，M氏に焦点を当ててF社の文化を説明する必要がある。ここでは，創業の動機，創業までの経過などを中心に，彼の人物像を探っていくこととする。

3.1 M氏の人物像

M氏の創業を決意した経緯はあまり明確ではないが，幼稚園時代の作品に，会社の社長になりたいといった一文がある[4]。その後，M氏は学生時代のアルバイト経験や，自分で簡単な仕事をおこなっていた時に「仕事をやること，収入が入ることが面白く感じて，会社を作ってみよう」と思った。

M氏が本格的に創業に向けた知識やノウハウを獲得していくのは大学時代である。経営をおこなうのに必要な知識の面として，大学ではゼミで会計や財務などの勉強に励み，すべての講義に出席していた。このことが創業に大いに役立ったとM氏は説明した。幅広い知識を得ていることによって，ある問題が浮上したときに，その問題が法的なものか財務的なものかマーケ

ティング的なものかといったように，概要がすぐにわかるのである。問題の本質となっていることの詳細がわからなくても，すぐに「これは〜に関する問題だ」と認識し，迅速な対応が可能になるのである。

　ベンチャー企業には大企業でビジネス経験を積んで独立創業というケースがみられる。この場合，特殊な技術や知識を大企業で得ているし，また事業運営に必要な計画や運営スキルなども得ている。しかし，本ケースのF社においてはそうではなく，むしろ，創業してみようという動機と大学で習得した会計や財務の知識で創業に踏み切ったのである[5]。

　M氏は大学在学時に創業を考えていたが，この時点ではM氏たちにはシステム構築などの業務をするスキルがなかった。そのようななか，大学卒業後，創業までの準備期間に，大学時代からの友人が集まり，事業運営のためのサーバ構築をおこなったのである[6]。これを事業化できないかと工夫したことが，現在の主たる事業である情報システム関連のビジネスにつながっていった。現在の事業内容は，このときの応用としておこなわれ，改良が加えられている。

　大学生時代のアルバイト経験から，M氏は変化するニーズをつかむセンスを以前から持っていたとうかがい知ることができる。そのため，ここでは大学4年間でM氏がどのように活動していったかをみてみることにする。

　彼は大学1年次に中古車関係のアルバイトをしていた。これはただ整備したりするのではなく営業をおこなうものであった[7]。受験勉強から開放された人物は，18歳ということで自動車の運転免許を取ることが可能になり，免許取得後に自動車に興味がわく。しかし，十分な資金をもたないため，新車には手をださず，中古車に注目するようになる。このような大学1年次の学生のニーズをすぐに察知するセンスがあったのである。また，その営業センスが認められ，給料がよかったという。

　大学2年次からM氏は大手プロバイダのコールセンターへの派遣社員となった。コールセンターとは電話によって顧客からの問い合わせに対応する組織である。作動しない，うまくつながらない，突然接続が切れたといったような質問や苦情に対して電話説明するのであるから，この仕事をするために

は技術的な知識が求められると同時に，声だけによるプレゼンテーション能力も求められる。また，3年次ぐらいからシステム上のセキュリティ系のベンチャー企業にも勤務した。ここでM氏はセキュリティ関連の知識を得た。

　以上の大学2年次から3年次とは，西暦にすると，1998年から1999年であり，ちょうどインターネットがきわめて身近になっていった時期である。この頃は，マイクロソフト社のOS「ウィンドウズ98」が発売され，わが国の大多数の人がインターネットに接続するようになった時代である。各企業が，採用プロセスをインターネットによって実施することが一般的になりはじめ，「インターネットができないと就職活動ができない」といわれた時期も，この時代の前後である。

　このようにM氏は，プロバイダのコールセンターで得た知識やシステム上のセキュリティのベンチャー企業での知識を得て，それらの知識を事業運営において応用することができたのである。技術的な仕事の結果，獲得したノウハウが応用されることにより現在のビジネスを可能にしたのである。

　企業対象の聞き取り調査の場では何を目的として会社を作ったのかという質問に対して，当社の製品で人々の生活の質を向上させたい，社会のためにつくしたいという回答がある。それらはいわゆる企業理念やコーポレート・アイデンティティに属するものである。しかし，この質問をうけたM氏はまっさきに「利益追求」と回答した。はじめて収入を得たときに，面白いと感じたという。それは，「お金を儲けるにはどうしたらよいか」と考えていくことが面白いということである。この利益追求というテーマのもと，今まで持っている技術から，「お金を儲けるにはどうしたらよいか」と考えた結果が会社経営であった。

　利益追求をするためには，健全な財務体質が不可欠である。経営の存立のために，とりあえず財務計画を立て予測してみるということをおこなっており，そのようにして目標を設定すれば，何を目指して行動するかが明確になる。この利益追求のための第一の方策として健全な財務運営を心がけているためにF社は存立しているのである。

　失敗するベンチャーが，無謀ともとれる過剰投資にはしり失敗するケース

が多く存在する。そこには基礎的な財務知識さえ持ち合わせず，規模を大きくすれば売り上げが上がるといったようなものや，とりあえず自身を大きく見せるため過剰投資をおこなうといった原因がある。しかしF社では綿密な財務システムによって，そのような失敗は防いでいる。いつ債務を返済するか，それまでにどこから資金調達するかといったことに神経を尖らせている。

ベンチャー企業の創業時において，精神面における重要なことは，物事に積極的に取り組んでいくチャレンジ精神と，綿密な経営計画をおこなえる冷静な精神との両方である。この精神的なことは，M氏が強く意識している点であるが，どのような企業であっても心がけなければならないものなのではないだろうか。特に『日経ベンチャー』の「倒産の研究」「破綻の真相」シリーズから見ればこの教訓は重要である。

3.2 F社の組織構造

F社は，いわゆる仲間同士が集合し，組織体を形成していった会社である。その仲間とは，主に，大学時代の友人一人の計二人の集団と，派遣社員をやっていた時の三人の集団であり，これらが創業時の構成員になった。創業にあたり，全員目的意識も高く，上下関係も存在しない状態があった。このようななか事業が進んでいくにつれ，人事考課が問題となっていった。

M氏と大学時代の友人との二人組の集団と，派遣会社以来の三人組の集団とでは価値観が異なり，文化的な問題が存在していた。M氏側の集団が財務を中心とした価値観で，三人の集団は業務・技術を中心とした価値観で構成されており，このことで意見が分かれることが多かった。しかしこの問題は，互いのいい部分を融合させるように解決していった。この二つの集団が，ともに両方の価値観でものごとに対処することができるようになっていったとのことである。

M氏は，自らの価値観とは違う価値観も重要であり，それら双方のバランスが大事だと考えている。異なる価値観を一方的に排除してしまえば，独善的な経営に陥るだろうし，逆に自らの価値観をないがしろにすることは，

風見鶏的なリーダーということを意味する。したがって，異質な価値観とのバランスが重要ということなのである。

異質な価値観の排除をおこなわない M 氏の姿勢は企業家の意思が急激に強力化せず，ワンマン経営を抑えていることを示す。この企業家の意思を抑制する要因が，三人組の集団がもつ技術志向的な価値観，すなわち下位文化であったことを示す。この二つの文化は融合し均質性をもったひとつの価値体系へと変容していった。

4　小　　括

4.1　ベンチャー企業の下位文化

ベンチャー企業のような小規模企業にも，下位文化は存在するということがいえる。この場合，主文化とはなにかということになると提示しにくいが，二つの文化集団が存在していたことは明らかである。仮に主文化を全社にわたる価値観であるとすれば，二人の集団の有した財務志向型の価値観と三人の集団が有した技術志向型の価値観があった。こういったように，それぞれ下位文化が存在していたということになる。主文化を企業家の価値観にそうものであるとしても，三人の集団の有した技術志向型の価値観は下位文化であることになる。

わずかな人数であっても，主文化と下位文化は存在するのであるから，小規模企業だからといって，文化に関する諸問題をないがしろにすることはできない。たとえば Gobadian & O'Regan（2003）は，中小企業の企業文化に注目して，戦略と文化との関係が密であるという点を見出した。彼らは下位文化に言及していないけれども，主文化にせよ下位文化にせよ，文化が経営に与える影響は見逃せないのである。したがって下位文化自体が経営に与える影響も同様に見逃せないことになる。ここではそのような二つの志向性を有する集団の下位文化が悪い状態にならず良好に融合したことによって，存立しえたといえる。

この価値観の共有あるいは共感ともいうべきことによって，業務や技術の視点，すなわちそれまで見ることのできなかった角度の視点を企業家に与えることができたのである。したがって，下位文化を意識することによって，結果として経営によい影響があるということをも示唆する。今回の事例は部分的にではあるが，筆者の仮説となった，適度な下位文化が企業存立に貢献する，を支持するものである。

4.2 重要なインプリケーション

本ケーススタディで示唆する内容は興味深いものである。まずM氏が，事業をおこなうこと自体について興味をもっており，ニーズを的確につかむことができていたことである。同時に，事業を展開する上で，知識や技術を有していたことが特筆できる点である。

またF社のようなできたばかりの企業でも文化が存在するということがわかった。一方ではできたばかりで小規模な企業組織であっても全社的な文化のみならず下位文化まで存在し，経営に影響を持っているということがわかった。財務を中心とした価値観を有する集団と，業務・技術を中心とした価値観を有する集団があって，この融合によって両方の観点でものをみることができるようになったのである。

下位文化が，下位部門の組織構成員のみが有するものではなく，経営者サイドにも存在することがわかった。しかも下位文化発生の理由あるいは背景については創業以前にまでさかのぼるものであった。あらゆる小規模組織にも下位文化が存在するという示唆は，本書の立場を支持するものであり，経営者としての能力を優先し企業家の意思を抑えるという筆者の仮定を支持するものである。

また，創業したばかりでは曖昧性が強く根付いており，このインタビュー調査をした時点において，人事考課といったようなシステマティックな問題が存在していたことも特筆すべき点である。なんとか組織運営ができるようになっていくと，それまで曖昧であった部分が浮き彫りになり，明瞭化・透明化していかなくてはならなくなる。

存立のための要因としてあげることができるのは，つねに財務諸表を週単位で集計し，将来予測をおこなって黒字倒産といった事態を防止していた点，およびその一方で，M氏が財務の視点のみならず技術の視点からもみることができていた点のふたつである。そこには企業家の意思がバランスよく存在し，極端な拡大政策をおこなわない点が伺える。

筆者の想定した企業家の意思は今回のケースでは，あまりみられないように考えられる。F社には財務志向の集団と技術志向の集団とが存在していたが，M氏は財務志向の集団のなかの構成員の一人であり，技術よりも経営について志向していた。一方で，このようなゼネラルマネジャー的性質はコンピュータシステムを駆使した「財務システム」の構築と運用にも見られる。月ごとの貸借対照表，損益計算書，キャッシュフロー計算書を出せるシステムによって，F社は健全な財務基盤をつくっていた。このような健全な財務運営がさらなる成長を可能にしていた。したがって本ケーススタディを実践に応用するならば，創業したばかりの会社が健全な成長を遂げるには，技術への関心よりも経営的な側面を重視すべきである，ということがいえる。

注
1) 質問票調査以前のものであり，創業してから間もない企業を視点にすえたため，標本抽出台帳にも当社は掲載されていない。これは記述順序としては不自然であるが，結果として成長してしまった標本よりも，成長途中である組織体を見ることによって，新たな知見を見出そうとするものである。
2) 特に拙稿（2004b）を参考にせよ。このときに重要視されたのは企業家の意思と下位文化の関係である。
3) 以下，F社ホームページ［最終アクセス日：2006年8月1日］を参考にしたが，匿名ケーススタディのためURLを表示できない。
4) 幼稚園時代の文章について，M氏はそのような記憶はないというが，事実としてその文章は存在する。もしかしたら当時から意識していたのかもしれないとも発言している。
5) しかし創業の前後には，銀行の保障や，売上目標設定，組織などにいくつもの困難があったとM氏は説明している。
6) このような複雑なビジネスモデルを考案したのはいつかとの質問に対し，M氏の次のような回答を得ることができた。
　　「卒業後の準備期間ですね。ちょうど大学時代からの友人が集まってサーバ構築をやっていたのです。それでこれを事業化できないかなと…。現在のビジネスはその時の応用なのです。」
7) M氏は「大学1年の頃はみんな免許とりたてで早く車を運転したいでしょう。『じゃあうちの会社来てみる？』っていってみるのです」と説明していた。

第6章
ケーススタディ：S社＊
――グローバルに活躍する翻訳企業――

1 はじめに

　本章から，2004年5月に実施された質問票調査によって，経営が安定していることが明らかになった会社のケーススタディを展開する。この基準は先述したように，①安定していると回答していること，②東京都内であることとの二つの抽出条件によるものであった。この二つの抽出条件をみたした企業が33社であった。これらの企業にインタビュー調査の依頼文を送付し，インタビュー許可を得られたのが4社であった。本書における章立ては，インタビュー調査の日時の順にケーススタディとして並べている。
　ここで触れられるS社とは，1988年創立の翻訳業を営む会社である。前回の質問票調査において，経営の安定化が見られた。今回のインタビュー調査は特に翻訳ベンチャー企業としてどのような経営の特殊性があるのか，どういった事項がS社を安定させたのかが焦点となる。S社自体はスイスに拠点を置くSグループの日本支社である。しかし，代表取締役K氏が株式の60％を保有しており，Sグループの経営は，各国のS社に大幅な裁量と責任を与えているため，独立した企業体とみても差し支えはない，と考えられ

＊ 本ケーススタディは，匿名での掲載を許可されたため，特定の人物名・団体名をイニシャルなどによって伏せている。本ケーススタディ作成にあたり，2005年8月12日（金）S社ビル一階応接間にてS社代表取締役社長を対象にインタビューをおこなった。特に注釈のない場合はこのインタビューの内容やS社ホームページおよび会社・製品パンフレットなどを参考にしている。特に脚注のない場合はこれらにもとづいたものである。なお，本文についてのありうる誤謬の責任はすべて筆者にある。

る。

　ここでは，S社の企業存立のための要因を探ること，翻訳関連業務の特殊性やグループの特徴などの周辺領域をみることを目的とする。この目的の達成のために，最初にグループの概要もふくめた会社概要について触れ，翻訳事業の概要にも触れる。このような実態把握の上で，存立のための要因となりうる事実を得て，最後に考察を加えて本章を結ぶ。

2　S社概要

2.1　グループ概要

　Sグループはスイスに本社をおき，世界27カ国に拠点をおいたグローバルな組織である。グループ支社は特にヨーロッパに多い。スイス本社は1984年に設立された。現時点での拠点はおよそ以下の表の通りである。スイスにはラムゼンの本社のほかに，ヴァイスリンゲン支社，ラ・ショードフォン支社がある。ワールドワイドなネットワークによって総合的なテクニカルインフォメーションサービスを提供している。このように世界各国に支社を置くことで多くの言語に対応でき，それぞれの支社が受注した仕事をグループ企業に業務分担して翻訳させるため，非常にすぐれたものができるのである。

　Sグループはコンピュータによるネットワークによって結ばれている。このことは現在ではどの会社でも当然のことであるが，Sグループでは均一化されたグローバルな技術，すなわち自社開発の共通のツールによって，円滑なつながりを持つことができ，そのことが同社の強みとなっている。ネットワークはコンピュータのみならず従業員同士のメール・電話・訪問といったように実際のネットワークをグローバルに構築している。情報システムを使用したネットワークおよびそのようなシステムを利用しないネットワークの両面においてグローバルなものであり，その二つのネットワークがSグループの競争力のもととなっている。

表6-1　世界のSグループ

欧州		アジア・アフリカ	南北アメリカ
スイス（本社）	ドイツ	インドネシア	アメリカ
アイルランド	トルコ	エジプト	ブラジル
イギリス	ハンガリー	韓国	
イタリア	フランス	タイ	
オーストリア	フィンランド	台湾	
オランダ	ポーランド	中国	
スウェーデン	ポルトガル	日本	
スペイン	ルーマニア		
スロヴェニア	ロシア		
チェコ			

出所）　各種資料をもとに筆者作成。

　K氏より，固有名詞すべてにイニシャル表記を依頼された。このため，一部同一社名のグループ会社が存在し，イニシャル表記によって生じる混乱を避けるために，用語の整理をする必要がある。本ケーススタディにおける諸対象規定は以下のとおりである。まずこのグループ全体を指すときは「Sグループ」とし，今回インタビュー調査の対象となったSグループ日本支社を「S社」とし，日本以外のグループ会社のことを「Sグループ会社」とする。

2.2　会社概要

　S社は翻訳支援システム，およびインフォメーションマネジメントシステムを保有技術としており，翻訳事業が売上高構成の7割を占めている。従業員64名，資本金2,000万円，の会社である。

　S社の事業内容は翻訳を中心として，ソフトウェア関連，翻訳，編集，記録の四つに大別できる。ソフトウェア関連では，プログラム開発，翻訳支援ソフトウェア開発，技術用語データベース構築，ネットワーク構築といった業務である。企業は翻訳支援ソフトによって，品質管理，納期の短縮，コストの削減といったトータルな合理化が可能になる。特に，日本の市場で製品を販売する外国企業，海外市場で製品を販売する日本の国際企業，および，諸外国の技術情報を収集する日欧の国際企業がS社の主な顧客となってい

る。特に注目できることは，データベースにして，ドキュメントの翻訳をある一つの用語の翻訳を修正すると，すべての訂正箇所が一気に修正できる点である。膨大な量のドキュメントをもつ企業において翻訳支援ソフトは，非常に有用性の高いものである。

翻訳業務では技術翻訳，特に，自動車，産業機器，テスト機器，工作機械，コンピュータといった専門用語が数多く存在する分野の翻訳をとりおこなっている。世界各国に存在するSグループ会社と連携し，数多くの言語についての翻訳を受注することができる。特に英語から外国語への翻訳は，Sグループ各社の実績のある翻訳者が担当する。英語からは，ドイツ語，フランス語，英語，スペイン語，イタリア語，オランダ語，スウェーデン語，ロシア語，ヒンディー語，タイ語，韓国語，中国語といった多くの言語への翻訳が可能である。

編集業務として翻訳文書の編集（Desk Top Publishing : DTP），印刷，CD-ROMを作成するマルチメディア・パブリッシングといったものがあげられる。記録業務としては，データ処理がある。

グループとしてのS社は，翻訳業務，営業，システム開発をおこない，グループ全体においてスイス，ドイツに次ぐ地位にある。具体的には，これまで日米欧の国際企業を対象に，テクニカルライティング，技術翻訳，編集，印刷を提供してきた。

さらにS社は独自のコンテンツを有し，本社に依存していないという特徴をもつ。後者について，欧州にはSグループの会社が多く存在するが，たとえばフランスで，業務において支障が出た場合には，本社から人物が赴いたりするが，日本では地理的に本社から救援をよぶわけにはいかない。さらに「日本語」の性質が，欧州のようにアルファベットのみで記述できる欧州の諸言語の性質とは大きく異なるために，その他のグループ会社とは異なり独自に力を持ってきたのである。

Sグループの支社は，国によって役割が異なる。人件費の安い国の支社にシステム開発や生産をまかせる。しかし日本のS社では生産と翻訳の営業との両方をおこなっている。このようにしてS社はグループ全体でも主た

る地位をもっているのである。

2.3 社長K氏とS社の経緯

　1962年に国内の女子大学を卒業したK氏は，夫の学術研究に同伴し，ドイツに赴く。この間にK氏はドイツの大学で履修する[1]。ここでK氏は「なにかやりたいと思った」という。日本に帰国後，1986年にスイスのS本社から知り合いを通して仕事の紹介を得た。そのため，小さな事務所を借り，14名の組織構成員で2年間にわたり仕事を受注し事業をおこなっていた。この14名の構成員は若い人から定年後参加した人，さまざまな経験をもつ翻訳者で構成されていた。売上の一部を事務所の賃料にあてていたが，S本社より来年は仕事が少ないことを通達された。会社組織ではなかったため，一般の会社から仕事を受注しようとしても拒否され，厳しい状況となった。

　このような背景からK氏が会社をおこすことを決意する。Sグループの日本社というかたちになるが，あくまでK氏が裁量をとれるように300万円を出資し，S本社が200万円を出すようにしたために（当時の株式会社の最低資本金は500万円である），K氏が株式の60％を保有し，筆頭株主となっている。また会社設立にあたり，14人で出資するようにしなかった。これはK氏が実質的に経営権を持つため，および14人が多様な人物であり，全員が経営に関与すると統制がとれないおそれがあったためである。

　K氏による以上のような経緯を経て，1988年11月15日に，S社が設立される。主要事業は企業を対象とした翻訳関連事業である。これにはドキュメントの翻訳のみならず翻訳支援システムの販売やサポートなども含まれる。Sグループでは，1980年代より翻訳支援システムの開発をおこなってきており，最近ではその性能が飛躍的に向上し多くのマスコミに掲載された。

　一方で，S社は自動車関連の翻訳出版もおこなった。ひとつは自動車部品メーカーB社の自動車工学解説書であり，もうひとつは自動車用語の4ヶ国語のCD-ROM辞典である。これら翻訳本は直接売上に貢献してはいない。しかしこれらを出版したことにより，S社の翻訳が優れているものであ

ることをアピールできるのである。自動車技術には構成部品，機械要素，一般力学，機構学，材料力学，電気回路，構成要素，化学物質，燃料，潤滑剤，試験装置などといったそれぞれの分野に多くのテクニカルタームと知識が要求される。これをS社は正確に翻訳できるといったアピールを本著作によってすることができる。この著作は，営業の際に持ち歩き実績として説明するために使用される。また，こういった出版プロジェクトを実施することによって，社内が団結するといった効果もある。なお二つの著作は日本国内の工業大学の前学長によって推薦されているものでもある。

3 翻訳事業の概要

3.1 ドキュメントの翻訳

翻訳の主たる顧客は法人であり，特に企業である。翻訳とはある言語のある単語に合致する別のある言語のある単語に置き換えていく作業ではなく，ただ読みやすくするだけでもない。産業用の翻訳はテクニカルタームが多く存在するため，特殊な知識や技術が必要とされる。法人を相手としたこのような翻訳の場合，たとえば，数千ページにおよぶドキュメントを受注し，これをスタッフが翻訳して納品するプロセスを想定することができるし，実際そうであった。

3.2 翻訳支援ツールとインフォメーションマネジメント

最近では増えすぎるドキュメントの量に対して，翻訳支援ツールが考案された。システム構築にはシステムに関する知識が必要なのは当然だが，翻訳の知識が同様に必要とされる。さらに，ビジネス社会においては，膨大な技術情報があり，それが絶えず更新されるといった状況が存在する。ビジネス現場におけるこのような状況に対処する必要があるため，一度翻訳した訳文を再利用し，また，用語も管理できるようにしておかなければならない。これらが技術翻訳の一連の流れである。翻訳支援ツールを使用して翻訳するこ

3 翻訳業務の概要 105

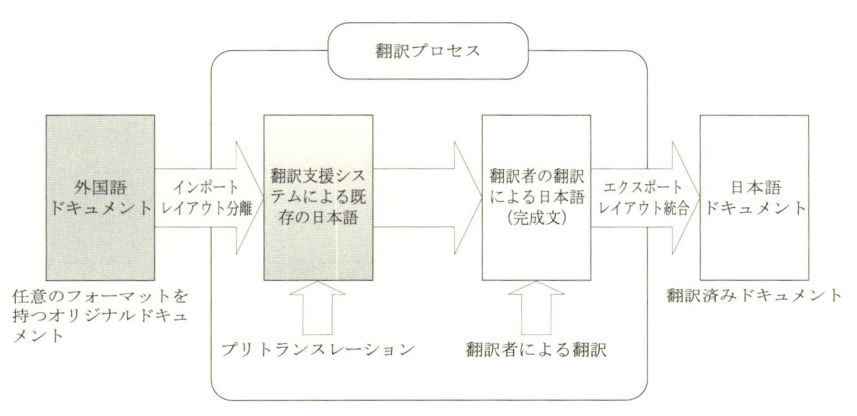

```
                    翻訳プロセス
   ┌─────────────────────────────────────────────┐
   │                                             │
┌──────┐ インポート ┌──────┐      ┌──────┐ エクスポート ┌──────┐
│外国語│レイアウト│翻訳支援シス│      │翻訳者の翻訳│レイアウト統合│日本語│
│ドキュ│  分離   │テムによる既│ ───→ │による日本語│           │ドキュ│
│メント│          │存の日本語 │      │(完成文)   │           │メント│
└──────┘          └──────┘      └──────┘                   └──────┘
                       ↑              ↑
任意のフォーマットを     プリトランスレーション  翻訳者による翻訳    翻訳済みドキュメント
持つオリジナルドキュ
メント
```

出所) S社パンフレットを参考にして筆者作成。

図6-1 翻訳支援ツールを使用した翻訳プロセス

とは,図6-1に示されたようなプロセスを通って翻訳することである。まず機械での既存の訳文の取り込みがなされ,次に人間の手による翻訳を通して,日本語のドキュメントが完成する。すなわちシステムによる翻訳とは,英文をコンピュータが訳してそのままドキュメントになるのではなく,二段階によって構成されるのである。次に,同社の主力製品である,翻訳支援ツールと,インフォメーションマネジメントツールについての紹介をする。

翻訳支援ソフトTR[2]では,絶えず更新される膨大な技術情報の渦のなかから変更部分を抽出し,この部分のみを必要な言語に翻訳することができる。差分検索機能によって人の手による翻訳を品質とスピードの両面からサポートする。またTRでは各種DTPソフトに対応したフィルタが用意されているため,オリジナルページのレイアウトを再現して提示することができる。インポートにおいて,フィルタリング処理によって,オリジナルのファイルのレイアウト情報と,テキスト情報を分離し,指定されたトランスレーションメモリ(TM)から過去の翻訳を自動的に取り込む。

対応しているフォーマットは以下の表6-2に示すとおりである。多種多様なフォーマットに対応できるようになっており,しかも複数の言語に対

106　第6章　ケーススタディ：S社

表6-2　TR の対応するフォーマット

マイクロソフト	DTP ソフト	ハイパーテキスト	テキスト	その他
Word	FrameMaker	SGML	ANSI Text	RTF ヘルプファイル
Excel	Interleaf	XML	ASCII	リソースファイル
PowerPoint	Indesign	HTML	Unicode Text	
WordPerfect	PageMaker			
	QuarkXPress			
	Quicksilver			

出所）S 社パンフレットを参考にして筆者作成。

し，一括してインポートすることができる。

　翻訳支援ソフト TR とダイナミックにリンクする用語管理ソフト TS[3] が存在する。技術用語は「技術資料の命」であるため，翻訳支援ソフトとともに，用語管理ソフトも必要になるのである。S 社はこのように自社開発された翻訳ツールと用語管理ツールを提供する。

　現在，社会には膨大な量の情報があふれ，情報を的確に把握する情報管理が重要性を増している。S 社のコンセプトでは，ツールは翻訳データやページレイアウトの再利用にとどまるものではなく，さらに一歩進んで，必要な情報を，必要なときに必要な形で活用できることが不可欠となる。そのために，各種の技術情報を記述する段階でデータベース化することが問題となる。S 社の技術はデータベース化することにより，どのような DTP ソフトにも依存することなく，必要な情報のみを必要なときに，その場でレイアウトして入手することが可能となる。

　近年情報管理の主流のひとつとなった SGML（Standard Generalized Markup Language）[4] は情報の内容を的確に把握し判断することを目的にしたものであったが，SGML そのものが，どのように情報を管理するのかといった疑問を解決するわけではない。情報の管理をよりよくするため，情報そのものを構造化し管理するシステム，すなわち多言語情報管理システムが必要とされる。S 社は GR というシステムを開発した。

　これまで提示されたツール以外にも，製品が完成してからの部品カタログの作成時間が半年から一週間に短縮されたことや，GR から作った CD を送

ることができたといった内容がある。このように GR とは，データやドキュメントの環境について，情報を共有化し構造化することによって，グループ作業等に役立つシステムである。システム上のドキュメント上の定義についての問題に対処するため，企業の現場においては，同じ情報を一元管理することを可能にしなければならないのである。

4 存立のための要因

4.1 グループ会社との連携

S 社の強さは世界 27 カ国にあるグループ会社との連携によるワールドワイドな活動ができるところである。たとえば人件費が安い国で集中的にソフトを開発し運用することが可能なのである。

世界各国に支社をもつグローバル企業では，通常 100％出資のような本社主導のグループ形成をなす。マイクロソフトなどはこの典型例で，100％出資して各国に子会社をつくり，本社主導で経営を展開している。これに対し S グループは，本社の資本をそれほど注入せず，支社に対する干渉の程度を低くしている[5]。このため，各国の社長はそれぞれに責任を持って運営している。

独立採算は翻訳業の分野において非常に顕著な事柄である。マイクロソフトの事例でいけば，コンピュータソフトを購入する顧客も，翻訳を注文する顧客も世界各国に存在する。しかし，マイクロソフト社のワードやエクセルなどの主たる対象は個人であるが，翻訳の主たる対象は法人である。したがって企業間の信頼が重要になるため，各国がそれぞれの国に対応した動きをしなければならない。

S グループは，翻訳対象言語の国の S グループ会社にドキュメント翻訳を依頼する形式をとっている。たとえばドイツの S 社が仕事を受注したとして，ドイツ語からフランス語ならフランスの S グループ会社に，アラビア語ならエジプトの S グループ会社に，日本語なら K 氏の S 社に依頼するので

ある。

　このようにいくつもの言語があるといった背景を有する翻訳業は，ある特定の言語からいくつもある別の特定の言語に変えていくものである。これを機械的にトップダウンでおこなっていくことは，途中で管理部門を通すといった余分なプロセスを含むので，グループ全体にフラットさが要求されると考えられる。

　各国のSグループ会社は次のように独立採算形式で運営されている。Sグループ会社は，Sグループ本社の資本を受け入れており，連結決算もするが，あくまで独立採算制をとり，自由裁量を認め，各国の社長が独立している。その上で，各国で採算をあわせようと努力している[6]。このような事柄からフラットで大幅な自由と責任とを与えていることが強みとなっている。

　Sグループは世界中に支社をもち，各社は地理的に離れている。また，地理的に離れていることは，言語の相違を生む[7]が，それぞれが別のソフトやツールを有し，ある会社では読み込むことができるドキュメントがほかでは見られないというような状況がありうる。このような言語的制約を解決するために共通のツールを有している。これにより，世界中のどこのSグループ各社でも，同じツールを共有することができ，各社の連携，翻訳業務の効率化，開発活動の円滑化に寄与している。このようにツールをもって，グループ同士が協力しあうことが，S社としてもSグループとしても大きな強みとなっているのである。

4.2　組織のフラットさ

　前述したとおり，もともとSグループが独立採算制をとり，グループ全体がフラットな組織構造をなしている。K氏の言葉である「（本社が）抑えるところは抑えて，それ以外は自由である」がSグループのフラットさを象徴している。本社がいいツールをだすので，みんなが喜んでそのツールを使用するのである。強制するものではないため，各会社が調和を保つことができる。

　K氏は，フラットな組織の効果についてはよいと考え，普遍的なものであ

ると考えている。S社はフラットな組織であるが，すべてがまったく同じ地位，条件にあるわけではなく，ポジションや職務内容によって給料の差異はある。しかし人に上下はないというK氏の発想があるため，あくまでポジションに給料がついているのみであるという認識のもと組織は運営されている。

S社では役職名は「社長」「部長」「課長」といったように呼びあう。最近のビジネスの現場において頻繁に見られる「グループリーダー」や「セクションチーフ」といったようなカタカナの役職名は使用していない。「日本語のほうがわかりやすい」とK氏は説明した。ただし，業務中に役職のついた人を呼ぶときには役職ではなく「さん」づけで呼ぶことがルールとなっている。

S社では部課を超えた依頼ごとの時には基本的には部長や課長を通すが，直接依頼にいってもかまわないことになっている。このことが業務処理のスピードを短縮し効率化に寄与しているものと考えられる。

現在S社では若い人を増やすことを重要視している。標本抽出台帳では，S社の従業員平均年齢は37歳となっており，やや高めとなっている。設立から年月がたつと，在籍年数が増えるので，どうしても平均年齢は高くなる。K氏は「若い人が増えると組織が活性化する」という。

平均年齢を下げる，すなわち若い人を増やすことはコストダウンと新人教育といった二点の経営上の意味を有する。後者の教育プロセスについてK氏は教育担当にあたった人物は教えることによってよりスキルがあがると説明している。人になにかを教えることは，自らの知識を反芻し，コンパクトにまとめる作業を有し，それが教える側にとっても有益な結果になるものと考えられる。教わる側がスキルをあげていくのは当然のことであるが，教える側が教えることによって自己のスキルを向上させていくことができる。

S社は，K氏が発行済株式の60％を有する筆頭株主である。このことから組織のフラット性およびワンマン性をK氏は，「結局のところワンマン」といい，上下の隔たりを企業にいれないようにして「ワンマンだけどフラット」という状態である。しかしながら，ここで触れたワンマンとは，資本構

成の点，および代表という点においてのみである．他社と比較すると，S社はフラットな組織を有し，各人の自主性が重んじられている点でワンマンとは違うように考えられる．たとえばK氏がスイスの本社や取引先，銀行，従業員などからのアドバイスを一蹴してしまうような人物であればワンマンと表現するに値するが，そうではないため，決してワンマンという言葉に集約されるようなものではない．

　Sグループ会社では社員の誕生日祝いをおこなうなど，社員同士が家族単位での付き合いをしているところもある．このようにして，組織に一体感を持たせることができる．ただ，東京にあるS社ではこれはなかなかできない．それは文化的な要素もあるのかもしれないが，たいていの在東京の会社の社員は，東京，千葉，埼玉，神奈川から一時間から二時間ぐらい電車通勤し，社員の子供が地理的に離れた学校に通うことが多いからである．それでもファミリーであるような努力はしており，クリスマスに社員の子供にプレゼントをする企画をしている．かつては社員の誕生日にK氏が花をおくるなどのセレモニーをおこなっていたが，業務拡大と人員増加に伴い，誕生日に花が渡せない事態がおきるようになった．そのために，誕生日休暇を設けるようになった．

　グループ会社間でのフラットさもあり，S社の社員が欧州に出張すると，現地のSグループ会社の社員は週末に名所案内をしたりして友好的な関係を築いている．また一方でS社には社内なら面と会えばよいし，他のグループ会社となら電話したほうがよいという価値観が存在している．情報技術が発展し，ネットワークが重要視される現代においては，メールでのやり取りが主たるコミュニケーション手段となっている．しかしSグループでは，コンピュータ・ネットワークではなく，ヒューマン・ネットワークの構築が重要であった．

　S社では，無条件の放任主義による組織の統制の乱れにも留意している．ヒトが作業しているので，ぎりぎりの人員では，突然プロジェクトが始まると，そのプロジェクトについてのスキルがないため余剰の人員が必要となる．しかし逆に，仕事が回らず手持ち無沙汰の人間が多く存在してしまうの

は二重の意味で悪い，と考えられている。二重の意味とは，第一に作業をしなくてもコストがかかる点と，第二に士気の面で周囲に悪い影響が出てしまう点との二つである。

4.3　人件費の対策

S社のような翻訳業を営む会社において，もっとも重要視すべきコストは人件費である。コンピュータや家賃は年々安くなっていくが，翻訳はヒトがおこなうものであって，人件費の部分が財務諸表および企業存立のキーポイントとなる。ベンチャー企業では企業成長・事業拡大等によって従業員数が増えていく。設立当初において企業はしっかりとキャッシュフローをみており，キャッシュが不足すると，経営者がポケットマネーから出して経営を維持するのが通常である。従業員数が多くなるにつれてポケットマネーではカバーできなくなるので，キャッシュフローをより重要視する必要が生じる。

4.4　失敗からの学習

前回の質問票調査においてK氏は「過去の成功が非常に参考になっている」よりも「過去の失敗が非常に参考になっている」ことに強く同意していたので，この理由を質問してみた。S社においては，ある特定のプロジェクトをおこない成功させることは，チームワークの結果と見なされるのに対し，失敗したとなると，どのプロセスで失敗したのかが明らかになり，そのプロセスを担当した個人まで特定できてしまう。組織全体でミスをすることはないが，個人でミスをすることがビジネスの現場にはよくある。たとえば，プロジェクトのマネジメントが効率よくいかなかったり，見積作成時に下位ディレクトリのデータを見逃したりすることといった組織的なミスの発端は個人のミスである。その個人のミスを次のチェックの担当者が見逃すこともある。さらに問題なのは，その失敗した原因を究明するのにミスを隠したり，誰かがかばって隠されたりしてしまう点である。失敗の共有化はそのミスがどのようにして起こったかをまとめ報告するだけでも丸一日以上かかる情報量を持っている。

S社は情報の共有化を目的として，担当者を設けた。実際の業務の情報，現在進行しているプロジェクトの情報，結果的に失敗した，難しかった，ミスをした，ことなどをまとめる。データベースにまとめるが，このときに，どういうカテゴリーでどういう状況であったかを，読みやすくまとめるのである。カテゴリー別に整理しないと記入する側にも閲覧する側にも苦労が生じ，そのデータベースは利用されなくなってしまう。K氏は，現在は段階としてははじめのもので失敗の情報をさらに共有していかなくてはならないと考えている。長年，毎週月曜日の業務会議で，失敗事例を発表し，失敗情報の共有をおこなっている。

4.5　独立の維持と今後の展開

　現時点においてSグループはIPOする予定はない。公開しなくても十分に資金を保有し，ある程度の事態に対応できるからである。独立の維持の面では，合弁企業を作る意図も現時点ではない。たとえば製薬会社などではジョイントベンチャーをつくることによって，知識の交換がなされ，新薬の開発ができるし，設備等のコストを大幅に減らすことができる。しかし翻訳業は製薬会社のような状況とは大きく異なり，特にヒトの面に対する重要度が極めて高い。翻訳業の業務内容の状況では，一度分散した人材では，それまでS社で業務に取りくんだものと同等のレベルの業務運営を実施することが不可能なのである。

　S社は標本抽出台帳に「国内販売網の拡大・営業力の強化」「生産部門の効率化・コスト低減」「大企業の市場参入への対応」を経営課題のトップ項目に挙げている。

　第一の課題である「国内販売網の拡大・営業力の強化」について，K氏は人数も増えているので営業力を強くしたいと考えている。前述したとおり，ドキュメントを大量に有する大企業に対しては共有されたツールを売り込むことから，営業活動をすすめている。

　第二の課題である「生産部門の効率化・コスト低減」について，特筆すべきなのは，翻訳の値段と人件費との二点があげられる。前者については，こ

この20年で翻訳の値段は下がる一方という現状が存在し,対策が講じられている。次に後者について,従業員数の平均年齢が高くなってきているため,人件費があがってきている。これらの問題について,自社開発のツールを導入することによって,生産部門を効率化させ,人件費の低減が期待できる。

第三の課題である「大企業の市場参入への対応」については現状においては,新たに参入してきた大手商社などは翻訳のプロフェッショナルではなかったために,特に問題とはなっていない。大企業が翻訳関連の市場に参入してきても,もともと専門翻訳業者ではないために脅威となりえないといった指摘があり,世界規模的にみてもこのような会社にとって大企業が脅威となっているわけではない。この説明は特殊な技術をもち,大企業が類似した経営スタイルをとることのできないベンチャー企業の特徴を典型的にあらわしたものである。

5　小　　括

S社の存立の最たる要因は,海外各社とのSグループとの連携であった。さらに,このような背景,および業界特殊性から,S社はフラットな組織を形成してきており,また失敗からの学習のため,原因追及の体制を築きあげた。S社は,なにかしらに挑戦するような姿勢があり,かつ組織体制が民主的な状態であるため,このケーススタディにおいては,「企業家の意思の強力化が企業存立の障害となる」といったことは否定され,「従業員の意思が企業存立に寄与する」は肯定された。このため企業家であるK氏は従業員の平均年齢の低下や教育を重視している。このことは革新的なビジョンあるいは能力といったものの伝達を意図したものである。

注
1)　ドイツの大学には卒業というものはなく,国家資格を得るために一定年限の後に,国家試験を受ける。K氏はこの試験をうけてはいない。
2)　本文中に記載された"TR"も実際の製品名ではなくイニシャル表記としている。
3)　本文中に記載された"TS"も実際の製品名ではなくイニシャル表記としている。

4) SGML は ISO の国際規格であり，異機種間での文書交換を可能にしたタグ付け言語（Multi-platform）である（S 社パンフレットより）。
5) S グループ各支社は，原則として本社の資本を 50% 以上入れることにしてある。
6) しかしながら，ある国の S グループ会社が資金的に苦しいと本社に要請があった場合には，本社がほかの国の S グループ会社から仕事を分配したりすることはある。
7) 地理的に離れていても同じ言語を使う異なる国はある。たとえば英語はもちろんのこと，ポルトガル語やスペイン語など欧州と南米とで，地理上ではなれていても言語は同じである。

第 7 章
ケーススタディ：日本オートランニングシステム社[*]
―― 法制度の変化に対応する福祉関連企業 ――

1 はじめに

　日本オートランニングシステム株式会社（以下，「日本オートランニングシステム社」と表記）は東京都八王子市にある福祉関連事業を手がける会社である。その主軸は車椅子をはじめとした福祉用具の製造や販売，および身体障害者・知的障害者を対象としたヘルパー派遣事業である。同社は発展段階にあり，経営が安定化していく只中にある。このため，2004 年 5 月実施の質問票調査では問 20「以前に比べると経営が安定している」および問 21「安定した財務を心がけるようになってきた」の企業存立・安定に関する質問に対し，ともに「まったくそのとおりである」の 1 と回答していた。
　この安定化の内容を探ることがベンチャー企業の存立のための要因についていくつかの示唆を提示すると考えられる。そのため，ここでの目的は，きわめて安定化してきた会社である日本オートランニングシステム社の存立のための要因を探ることである。ここで重要なテーマとなったのは，アンケート調査の結果から非常に安定化してきた背景に何があるのかという点である。標本抽出台帳で明らかなように障害者を有する企業組織の中身や質問票

---
[*] 本ケーススタディ作成にあたり日本オートランニングシステム株式会社取締役北村正人氏に，2005 年 8 月 21 日（日）午前 9:00 より，北村氏の自宅マンション一階のロビーにおいてインタビュー調査を行った。特に注釈のない場合はこのインタビューの内容，および日本オートランニングシステム株式会社ホームページ（http://t-nars.org ［最終アクセス日：2005 年 9 月 1 日］）を参考にしている。なお，本文についてのありうる誤謬の責任はすべて筆者にある。

調査で非常に興味深い特徴であったイノベーションの創始にも触れることとする。

本ケーススタディでは，これら目的と付随するテーマの把握のために，まず日本オートランニングシステム社の全体的な概要とに触れる。次に，組織的な特徴と，一連の主たるテーマである企業存立のための要因とを質問票調査の結果と合わせて展開する。その後に，同社の今後の展望，および車椅子製造の技術とそれをめぐる基礎知識に触れ，最後に本ケーススタディの総括をする。

2　日本オートランニングシステム社概要

日本オートランニングシステム社の概要は以下の表7-1に示すとおりである。車椅子の製造販売から，近年ではホームヘルパー派遣事業によって急成長した福祉関連業務のベンチャー企業である。社長の小玉広輝氏は17歳の時に受傷し，1級障害者となっている。授産施設を七箇所に有する「木馬会」，および，身体障害者療護施設の「もくば会」の代表者でもある[1]。自らの障害経験をもとに，「障害者の社会参加」を理想としている。

日本オートランニングシステム社もこの一貫した理想の一面をもつ。すなわち，重度の障害者を助けるために身体障害者療護施設の「もくば会」が存在し，働く意欲をもつが機会を得られない障害者のために心身障害者通所授産施設の「木馬会」が存在し，障害を持たない人物と同等の働きをする企業組織「日本オートランニングシステム株式会社」が存在する。日本オートランニングシステム社では健常者も障害者も同じ賃金テーブルでおこなう。したがってこの会社はこの理想の最終形なのである。

表7-1 日本オートランニングシステム社概要

名　称	日本オートランニングシステム株式会社
英文名称	Japan Autorunning System Corporation
代表者	代表取締役　小玉広輝
設立年月日	1989年9月8日
資本金	2,800万円
役員	社長：小玉広輝
	取締役：伊藤光江　北村正人
	監査役：小玉延明
事業内容	オーダー車椅子，電動車椅子，介護用電動ベッド，自助具，リハビリ用品，福祉用具の開発及び製造
主な開発商品	ナースセーフティライト，座薬挿入機，玄関昇降機（あがりかまちくん），パンツ固定式収尿器
従業員数	17名（パート：40名）
従業員平均年齢	34.07歳
加入団体	日本福祉用具供給協会　八王子商工会議所　東京都障害者雇用促進協会　八王子法人会　日本健康福祉用具工業会　車いす姿勢保持協会　福祉のまちづくり研究会
社長略歴	17歳時事故により受傷。作業所所長を経て，現在福祉法人もくば会理事長。平成元年当社設立，社長就任。
大株主	小玉広輝33%　伊藤光江29%　大塚隆一9%
研究開発重点分野	医療・健康・高齢化対応
助成金公的投融資	東京都（1996，中小企業新製品・新技術開発助成金）300万円

出所）　北村氏へのインタビューおよび各種資料から筆者作成。

3　日本オートランニングシステム社の組織的概要

3.1　障害者を有する組織

　日本オートランニングシステム社では，現在社員が17人，パートタイム従業員40人で構成されている[2]。この企業でもっとも特徴的なものは，社長の小玉氏も重度1級障害者であるが，障害を持った多くの従業員が第一線で活躍している点である。詳細は後述するとして，障害者を有することが同社の車椅子の製品開発において重要な強みとなっている。それは実際に車椅子にのって会社で働くスタッフが，車椅子で生活するとどういったことが問題となるのかを身をもって知っており，問題に対応する方策を考えやすいか

らである[3]。

　障害をもっている従業員も，障害をもっていない従業員も，賃金や待遇に差があるのではなく，やっている仕事に対し役職があり，同一の賃金テーブルにある。このように特別な基準が設けられているのではなく，あらゆる面でフラットな組織が形成されている。

3.2　取締役による民主的組織

　北村氏は，前回の質問票調査において，トップの考えていることが正しいとは限らないと考えていること，すなわち民主的な程度について非常に高い同意を示した[4]。このことは，日本オートランニングシステム社には取締役が三人いて，三人の意見が違うことが多々ある，という意味である。同社は零細企業や中小企業によくあるようなワンマン経営ではなかった。

3.3　企業理念の浸透

　企業理念の浸透について，社長が重度1級障害者であり，また障害をもったスタッフが第一線で活躍していることが関係している。同社の根本には，「障害者の一般就労を支援する」ことを前提に「障害者の社会参加」という企業理念が存在する。そのために障害者が組織構成員の多くを占める組織構造である。当然のことながら，企業理念は社内に広く深く浸透している。

　日本の企業は障害者雇用率制度に基づき，民間企業や官公庁を問わず，一定の水準以上の障害者を雇用しなければならない。大企業では人数あわせのために，障害者を郵便室，清掃室に配置させ2%クリアをするといったような数合わせのようなことをおこなっている。これに対して，日本オートランニングシステム社では障害を持つ従業員にも持たない従業員にも同じ内容の仕事をさせるのである。

　企業理念が浸透していると，意識統一がしやすく，新事業の展開にも役立つ。従業員は，新しいことをやっても，企業理念から派生しているプランが実現されて事業として育ったと思うことができるのである。たしかに，「障害者の社会参加」という企業理念とこれまでの日本オートランニングシステ

ム社の事業内容は一致している。企業理念がベースとなって新規事業があるために従業員の反発といったものはない[5]。

3.4 イノベーションの創始

質問票調査ではイノベーションの創始[6]についても非常に良好な回答が得られた。これには組織構成員の価値観が散逸していることが関係するものとしてあげられる。このことはWilson（1966）の仮説を支持するものであり[7]，また拙稿（2005c）において示唆された「ベンチャー企業では企業理念が浸透しているとイノベーションの創始が起こりやすい」ことの検証にもなる。本調査では，次のことが明らかになった。いくつかの意見や発想がトップマネジメントにあがるボトムアップ的要素が日本オートランニングシステム社には存在している。それらの意見や発想は極めて多種多様であり，まったく方向性が異なり現実的でないものもあれば，問題点を的確に指摘しているものもある。そのために，意見が出てくる社内の環境が重要であり，そのような状態が理想であるという当社の姿勢が明らかになった。一方で，先述したように，理念が存在し，それが組織構成員を結び付ける役割を果たしていたのであった。これらのことは，しっかりとした土台をなす理念をもち，同時にさまざまな価値観を有することの重要性を示す。

4　企業存立のための要因

4.1　法律の改正が企業存立に与える影響

法制度がかわると福祉関連事業の売上高が一気に高まったりゼロになったりするほど，法制度の制定・改定がこの業界の企業に与える影響はつよい。そのために，日本オートランニングシステム社の企業存立のための要因に触れる前に，このテーマの背景をなす法制度について触れる。

北村氏は，介護保険制度が変わったことが創業以来大きな出来事であると説明したように，この業界においては，法制度の変化が企業経営に大きな影

響を与える。それは，このような福祉関連企業が特に公的機関を対象としていることが関係している。福祉関連業界は，国からの支援があり，法制度の変更によってその金額が簡単に変わってしまうのである。そのため安定していたはずの資金調達がとつぜん切羽詰ったものになる場合もある。

　2005年7月13日に衆議院・厚生労働委員会において，福祉サービス利用料の一部を障害者に自己負担を求めることなどを柱としていた障害者自立支援法案が採決された。さらに15日の衆議院本会議で，与党の賛成多数により可決され，参議院へ送られた。しかし2005年8月8日の衆議院解散によって，当期の通常国会は閉会となり，これまでに成立していない法案のうち，継続審議が決定されていなかった法案は自動的に廃案となり，障害者自立支援法案は廃案となった。

　少子高齢化の問題を背景に，本来ならばコストをかけるべき問題であるが，もともと国が福祉に使える財政がパンクしている状態でもある。したがって，障害者の負担の増減などはこれからも議論されていくことが予想され，また関連分野に対する負担金などの増減の可能性も考えられる。あるいは，想定しないような事態が起こりうる可能性こそが非常に大きいものである。

　居宅介護の一部負担が今回の法案の柱であったのだが，もしこれが施行されれば，本来居宅介護を必要とする人物が低所得者である場合が多いために，売上の低下につながる。したがって，日本オートランニングシステム社の居宅介護サービスの売上比率が一気に上がると，法律改正とともに，一気に赤字になってしまう可能性が高い。

　特に，福祉関連業界においては，法律の改正によって，車椅子などの製造に給付される金額が減り，福祉サービス中心の給付される金額が増えるといった事態が引き起こされる場合が多い。そのために，法律の改正は企業存立に強く影響するものであって，審議された法案も売上金額に影響するものであった。

　日本オートランニングシステム社では，実際に過去において，法律の制定や調整等で自治体からの支払金が15日遅れたことがあった。この事態に

4　企業存立のための要因

なった時期は年度末であって，自治体はそれで予算を調整するのである。しかし，自治体としては年に 11 回支払っているが，日本オートランニングシステム社は賃金を 12 回支払わなければならないのであって，一回分余分に支払わなければいけなかったのである。このように法律や制度のわずかな調整が行われる，あるいは自社の運営に欠点があるだけで，日本オートランニングシステム社のような業者は真っ先に打撃を受けてしまうのである。

一方で介護保険は障害の定義によって給付額が異なるものであるが，その障害の定義自体が変化するものである[8]。この変化は，給付額の差異によってニーズ自体が変わってくることを意味する。また最近ではそういった介護が必要な人物に対する予算から，リハビリなどの予防のほうに重点が移っている。そうなると，居宅介護サービスに対して支払われる支援が少なくなり，既存の事業のみを展開する業者は打撃をうけることになる。

現在国庫は厳しい状態であるので，あらゆる予算が削減されていく傾向にある。いったん法制度が変われば支払い給付額も変わってしまうので，つぎつぎと新事業を開拓していかなければならない。このような，取引先や売上高に非常に影響をもつ法律の制定・改正，自治体の運営に対処するためにも新規事業に乗り出す必要があるのである。企業存立のためには「新事業に興味を持ち続けること」が重要な条件となるのである。

法制度変更に関するここでの知見は福祉関連業界以外では応用できるのであろうか。法制度の仕組みが変更になるだけで売上高が変わってしまうことは他業種でも見られる事柄であるが，ここまで公的機関と密着し売上高に影響するものは一般的な企業のありようではない。改正法案が提出され，審議を通過し，公布され，施行するまでの時間は年単位である。これによって売上高が変動するために，改正されても存立できるように新規事業を開拓しておく必要がある。

一方でその他の業界においては法制度の変更によって極端に売上高の変更はないが，法制度に対応するものとして「新技術の開発」をあげることができる。新技術が開発され広まると，それまでの自社が持っていた技術が通用しなくなる場合がある。顧客のニーズが変更する場合もある。したがって，

福祉関連業界のみならず，一つの事業にこだわり続けることは得策ではないのである。ただし新技術の評価をどのようにするかといった問題があるため，新規事業に興味を持つことが必ずしも存立に貢献するわけではないが，必要とされるものであると考えられる。

4.2 社内体制の確立

日本オートランニングシステム社は，急激に組織が大きくなった。北村氏は安定化のために必要なことを整えている段階であることを強調して，次のことを企業存立のための条件として提示した。

存立のためには新陳代謝が必要と考えられ，2004年から正社員を増やした。古くから契約社員がいるが，これには正社員が着任しても長く会社にいつづけなかったという背景がある。この局面に着目し契約社員から正社員への変更についての人事制度を変更し，平均年齢を低下させた。10年後，20年後にも，同様の手法によって若くさせる見込みである。

労働の社内の諸制度について，2004年4月にあらゆる基準をもうけた。正式に賃金規則をつくり就業規則も専門家にお願いし，労働基準法にあうようにして提出した。以前は，従業員の年齢もバラバラであったために給与等に基準がなく，だいたいといったかたちで賃金を支払っていた。従業員が増えたときに，整合性の取れないような賃金体制となってしまっていたことが問題となった。現在では，年功賃金，職能給，役職手当が導入され，透明性の高い経営がなされている。

企業存立のためには，今までなかった社内制度を作っていくことが必要であるが，社会制度，環境の変化があるために，それだけで存立していくことの十分条件とはなりえない。まだいくつかの問題はあるが，5年以内にしっかりしたものをつくるという目安を立てている。現在の経営改革は必要なものを整えている段階の途中である。

日本オートランニングシステム社では，返済総額についても対策をたてている。中小企業であるために，経常的な負債による資金調達はおこなわない[9]。創立当初は財務の見通しが立たず，キャッシュが足りないときに借入

金をつくった。現在当時の利息の高い負債が数件あり，2005年に利息の高いもののうちのひとつを，多摩中央信用金庫から安いものにかえた。利息の低い負債を借り入れることによって以前の利息の高い負債の返済にあて，支払い総額を低減させることをおこなっている。

2005年前期（7月決算）の売上高は約1億4,000万円となっているが，販売相手が公的機関であるため，そのうち99%が役所からもらったことになる。製品に対して，大部分を公的機関が負担し，のこりを個人が自己負担で支払っている。自治体にもよるが，公費は，日本オートランニングシステム社が主たるコストである人件費の支払いをしたあとでないとキャッシュとして入ってこない性質を持っている。時間にして，支払いが遅い自治体は，日本オートランニングシステム社の支払いの後，3ヶ月ほどかかる。このことにより売り上げが伸びれば伸びるほど，日本オートランニングシステム社は苦しくなるのである。人件費等の支払いを延期することもできるが，この業界での実施は，信用を失う要因となる。

実際に，日本オートランニングシステム社では，過去に財務の見通しが立たないことがあった。銀行に計画を提示しなければいけないのだが，それがうまくいっていなかった。この状況を打開するためには，資金調達をする時期を切羽詰った段階でおこなうのではなく，計画的におこなう必要がある。このため，将来には月次決算を実行したいと考えているが，現在専門の経理部門が脆弱で専門スタッフが存在しないといった現状のため不可能となっている。

法制度の変更によって急に売上高に影響する福祉関連業界において，資金繰りは重要なものとなる。日本オートランニングシステム社における，人事制度確立，財務関連の対策といった社内体制の確立は，銀行などの諸機関からの信用を得ることにもつながり重要な役割をになっている。

4.3 サービスの変容

日本オートランニングシステム社では，これまでの主要業務である車椅子の製造販売，福祉器具のレンタルといったものから，新サービスであるヘルパー派遣「ヘルパーステーションNARS」を開始した。このヘルパー派遣

事業が最も成功した事業であると北村氏はかたった。実際に，事業開始から月に600万円程度を経常的に計上でき，1年程度で7,000万円の売上を出した。日本オートランニングシステム社にとって，一気に売上高が成長した事業はこの事業がはじめてであった。この背景にはヘルパーを必要とする時代の流れが存在し，売上高の推移はニーズを的確に把握した結果といえる[10]。

ヘルパー派遣事業が本格化するとヘルパーを社員として雇用しなければいけないので，組織が大きくなる。人が多くなると，組織でも財務でも，旧来の組織のままでは存立できないような形になる。新しいものができるとどこかを強化しなければいけない状況になってくる。それらを管理するためのコストがかかり，存立しにくくなる。

現在では，先に提示した2005年上半期の売上高1億4,000万円のうちの約半分をサービスステーション型ヘルパー派遣事業によって占められ，物販レンタルも約半分といったように，主たる業務内容がかわったのである。このようにして，ヘルパー派遣事業のような新しい分野の開拓によってリスクを低減させているのである。日本オートランニングシステム社では，新たに事業を展開し，それぞれのリスクを減らしていきたいという考えを持っている[11]。

4.4 今後の展開

日本オートランニングシステム社の現在までの存立の要因を以上のように提示した。次に，安定していく傾向にある当社の今後の展開について触れる[12]。まず，企業のみならずあらゆる組織体には世代交代がある。そのために，組織構成員の教育は必要不可欠のものとなる。現在の同社には経営陣の世代と第一線で活躍する世代の間の中間層がいないため，次の世代に事業をつなぐための教育が重要視されている。当社ではその一環として，現在，従業員を他企業との交流会に参加させ，同じ管理職と意見交換をさせている方策がとられている。今後は，それ以外の面についても「教育にカネを使う」と北村氏は説明した。

現在，日本では少子高齢化現象が起こっており，日本オートランニングシ

ステム社もこれに対応した新規事業を展開しようとしている。その第一には，介護保険事業への参入として高齢者の乗る電動車椅子である。現在わが国では高齢者用の電動車椅子がいたるところを走るようになった。第二に，具体的に何をするかは定まってはいないが，廃校となった小学校・中学校等の空き教室で行なう何らかの事業である[13]。

5　車椅子製造の技術

5.1　座位保持に対する注目

　ベンチャー企業には革新的な技術が存在する。日本オートランニングシステム社では，「とくに革新的な技術はない」と北村氏は説明したが，障害者の従業員を有する技術開発の強さがある。ここでは車椅子製造の技術と障害者の参加について展開する[14]。

　近年，座位保持の重要性が国，病院，医師などに理解されるようになってきたために，車椅子に対する国の対応が座位保持を重要視するようにかわってきた。それまで車椅子は「移動できればいい」といったように障害者にとっての単なる移動手段と考えられてきた。しかし，障害者の社会参加という観点から，最近では，車椅子は「ながく乗っていられる」ような生活手段と考えられるようになってきたのである。それまでの車椅子は内臓に負担がかかり，疲れるような欠点があった。こういった背景から車椅子を生活手段とするためには，長く座っていても負担とならないような座位に対する注目が必要である。

　ながく座っていられるようにするためには，きちんと体型を計測し，座位を取らないといけない。一方で，車椅子を体型にあわせて矯正するために，特殊な技術が必要とされる。この技術の中身にある知識としては，工学的な知識はもちろんのこと，障害や病気のことを熟知している医学・身体的な知識も含まれる。障害の度合いによって姿勢が異なり，また成長や状態の変化によって体型は変わっていくものである。悪い姿勢を続けると，内臓や血

管・皮膚に負担がかかり続け，血行障害，ジョク瘡の原因を作ってしまう。このような背景から座位保持が最近注目されるようになってきたため，車椅子の構造を改良する技術が必要となる。日本オートランニングシステム社では，この点について工夫をしてきた。

5.2　企業理念：「障害者の社会参加」

　病院では車椅子を処方する。この際に他社よりも優れた製品を供給できなければ選択されない。このような競争の中で車椅子に付加価値を持たせるような技術が必要となる。障害を持ったスタッフを有する日本オートランニングシステム社は，実際にどのような点にニーズがあるのかを把握しやすい。なぜなら，企業理念である「障害者の社会参加」のもとに障害者が働き，車椅子に乗って生活することがどのようなものであるかを実際に知っていたからである。実際に同社では，頸椎損傷や脊髄損傷といった理由で車椅子に乗って勤務する従業員が存在しているが，たとえば車椅子の「一日中働いていても疲れない」や「横にならなくてすむ」といった観点からの改良について，実際に体験し熟知しているのである。商品開発のもとでは，あらゆる問題に対応する車椅子の試作品を実際に試乗して「これでは乗れない」あるいは「ここをこうしたらよい」などの重要な意見を出すことができる。

　企業理念「障害者の社会参加」の視点では，「寝たきりの人が車椅子で移動できるようになるにはどうするか」を考え，「車椅子で移動するだけだったのが働けるようになるにはどうするか」と考えることにつながる。これらを解決するために，座位保持の技術を考えるようになる。一方で，寝たきりの人が車椅子に乗ると「床ずれ」が起こりやすいためにこれを軽減することを考えることにもつながる[15]。

　商品開発として，メーカーや外部の専門家との連携もとりやすく，また部品を自社で加工できるなど，技術開発しやすい状況があった。しっかりとした車椅子，すなわち付加価値のある車椅子を製造しないと，車椅子を処方する側である医師から声がかからなくなってしまう。医師が「〇〇の症状の方だから□□に気をつけた車椅子が必要である」という声がかかれば，このよ

うな会社はすぐに、「○○の症状の方の，□□に配慮した車椅子なら，△△の部分を改良したものを提供できる」と回答できなければならない。

5.3 付加価値を追求する多品種少量生産

このような需要の多様化から車椅子の生産を少品種大量生産から，複雑な構造を要する多品種少量生産に移行していく必要があった。そのために車椅子の大量生産を廃止し，工場を閉鎖し，本社での生産を変更した[16]。もし座位保持などといった付加価値を無視し大量生産のみにこだわれば，台湾からの廉価な車椅子生産に負けてしまう[17]。また車椅子部品の専門メーカーは各国に存在するため，日本オートランニングシステム社は部品改良の技術を有している。

以上のように日本オートランニングシステム社では，特殊な技術を持っているわけではないのだが，障害をもったスタッフが第一線で活躍しており，ニーズをつかみ付加価値をつけた画期的な開発活動が可能だったのである。

6 小 括

6.1 企業家の意思との関連

本調査では，新事業への展開が企業存立に与える影響について明らかになった。まず，主たる事業は時間がたてば停滞するものであって，どうしても新分野への開拓が必要となる。北村氏は，「（日本オートランニングシステム社の）トップが旧態以来の車椅子の製造販売だけにこだわっていたら，介護保険のときに壊滅的な打撃を受けて」おり，また「外国製の安い車椅子（の日本進出）やレンタル価格の上限が決められたり，給付金額も減らされる」といった業界特殊的な状況も存在するために，存続していなかったと説明した。

日本オートランニングシステム社の事例では，企業家の革新的事業への固執である企業家の意思が影響しているかどうかの結論はでなかったが，新規

事業のイニシアティブをとることについては，きわめて重要であったといえる。法制度の変更を踏まえ，事前にリスク分散のためにいくつかの事業をおこなうことがこの業界では重要なポイントであった。一方で当初の車椅子の事業がうまくいったとしても，それにこだわっていたら現在の同社はなかったという北村氏の指摘は非常に興味深い。もし企業家の意思を固執の面でのみとらえるならば，仮説はおおむね正しいのである。

　コングロマリットのようなまったく違う分野に手をださず，福祉関連に特化し，なおかつ企業理念「障害者の社会参加」のもと，一貫した理論で事業を展開していた点が注目できる。この事例は，企業理念が実践に矛盾せず成長し続けることの重要性を示している。

6.2　イノベーションの創始と企業理念

　日本オートランニングシステム社では，企業理念が広く行き渡っており，それと同時に従業員おのおのの意見を尊重していた。これについて，横尾（2005）の展開するフレームワークと一致する点が多く興味深い。

　横尾（2005）は組織構成員の創造性の発揮を重視し，構成員間の相互作用を通じて組織学習が活発におこなわれることによって，たえず自己変革を繰り返しながら，企業に継続的な革新をもたらすような文化を「革新志向の企業文化」と定義している。そのためにはトップがビジョンによって方向性を示し，組織に変革をもたらすような人材やリーダーシップを尊重するような全社文化を浸透することが重要であると説明する。

　ところで本章において明らかになった教育であるが，このことは，交流会や，経営能力等も含めての教育のことをさす。日本オートランニングシステム社においては，それまで社内制度が未発達であり，北村氏をはじめとして確立した社内体制を築き上げていく途中であった。そのため従業員に一般の会社の従業員と同等の能力を持たせることが重要となったのである。ここでは特に，技術的や財務的，人事的といったような教育のなかみをとわない。

　日本オートランニングシステム社では，まず小玉氏の一貫したビジョンが存在する。これは小玉氏が代表をつとめる三団体「もくば会」「木馬会」「日

本オートランニングシステム社」に共通した「障害者の社会参加」というものである。日本オートランニングシステム社では個性を尊重し，創造性を妨げないようにしており，それが理想であるとしている。このことは横尾 (2005) の説明を大いに支持する事実である[18]。特異な技術とまではいかなくても，ニーズにあった車椅子を開発し続け提供し続けているのである。

　以上のように，日本オートランニングシステム社においては，確立された理念のもと，従業員おのおのの多様な価値観を認めている状況が見受けられた。このような，一つの理念と多様な価値観といった状況が，イノベーションを生み出す組織的な原動力となっていたのであった。

6.3 安定化の途上

　日本オートランニングシステム社の事例では，① 福祉関連業界に共通する法制度との関連と，② 安定化の途上であることとの二つが特徴的であった。

　福祉関連業界に共通する ① の法制度との関連については，特に国の制度が売上高に与える大きな影響をみることができた。法制度の成立や改定によって，打撃を受けても常に資金を確保しておくためには銀行などの諸機関からの信頼が必要となる。そのためには人事制度の確立，返済総額の削減と月次決算によって透明性の高い経営をすることが重要であることがわかった。一方で法制度の変化に対応できるようにいくつかの事業を手がける必要性を把握することができた。事業展開に当たり，新規事業を志向するトップの存在と企業理念の浸透が重要なのであることがわかった。

　日本オートランニングシステム社は，現在 ② の「安定化の途上」にあり，「これからさらに安定する見通し」であることがわかり，先に示したことがらが，比較的早い段階での企業存立について重要な役割を果たすことを示唆する。

注
1)　授産施設とは，身体障害や知的障害の理由で働く機会の得られない人たちに働く場を提供する福祉施設のことである。身体障害者療護施設とは，身体上の著しい障害のため常時介護を要し，

家庭において介護の困難な身体障害者を入所させ治療及び養護をおこなう施設のことである。
2) ヘルパーステーションの24時間介護業務に当たり，久しぶりに顔をあわせる人物もいるという。またパートは常時本社から出たままである。
3) もちろん，障害者を有するということには弱みがある。八王子市だけでも，坂の途中で車椅子が移動できなくなるといったように，不便な点も多い。
4) 前回の質問票調査の設問のうち，問10「トップのいうことが，常に正しいとは限らないと考える」について最高の同意である数値 "1" を記入していた。
5) 問17「組織機構の改革や経営戦略の転換がなされやすい」という設問に対しても，高い同意を示しており，これと企業理念の浸透に関係があるのではないかと考えられる。このため，企業理念の浸透は組織や戦略の転換のはやさと関係があるかどうかを質問してみた。しかし，企業理念が組織や戦略のはやさとはむすびつかなかった。むしろ，それらのはやさの原因となっているのは，組織が小さいため，下からの意見がダイレクトに伝わるからだという。
6) 問22の「同業他社より画期的なアイデアが提案されている」の点数のことである。
7) Wilson (1966) の三つの仮説は，第一仮説「組織の多様性がますほど，組織構成員がイノベーションを思いつく可能性が高まる」，第二仮説「組織の多様性がますほど，組織構成員が重要なイノベーションを提案する可能性が高まる」，第三仮説「組織の多様性がますほど，採用される重要な革新的提案の割合は減少する」というものである。
8) 障害のランクは次のようなものがある（http://www16.big.or.jp/~kuniaki/base/kaigo/kaigo12.htm ［最終アクセス日：2005年8月31日］）。
　要支援：要介護状態とは認められないが，社会的支援を要するもの。食事・排せつ・衣類の着脱は概ね自立しているが，生活管理機能の低下などにより，時々支援を必要とする。
　要介護1：生活の一部について部分的介護を要するもの。食事・排せつ・衣類着脱MPいずれもが概ね自立しているが，一部介助支援を必要とする。
　要介護2　中程度の介護を必要とするもの。食事・衣類着脱はなんとか自分でできるが排せつは介護者の一部の介助を必要とする。
　要介護3　重度の介護を必要とするもの。食事・衣類の着脱のいずれも介護者の一部に介助を必要とする。排せつには全面介助がある。
　要介護4　最重度の介護を必要とするもの。身体状態は様々であるが，食事・排せつ衣類着脱のいずれにも介護者の全面的な介助を必要とする。尿意，便意が伝達されていない。
　要介護5　過酷な介護を必要とするもの。寝返りをうつことができない寝たきり状態であり，意志の伝達が困難。食事・排せつ・衣類着脱のいずれにも介護者の全面的な介助を必要とする。
9) 経常的な負債による資金調達をおこなわないというこの事実は，小椋 (1996) の以下の主張の一部を支持するものである。「ここでとくに主張したかった点は，エクイティ資本の利用である。負債資本の利用ではないことである。」(202頁)
10) これとは逆に，失敗した事業の代表的なものとして，リフトをリモコンで動かすためのフェライトといった磁石のレール状のものがある。開発として助成金をもらったが，商品化できなかった，という。ホームページ上に記された「磁気誘導による自動走行電動車椅子システム」とは違ったものである。しかし，このシステムもNECとの共同開発にはじまったが，以降の展開はなく，成功とはいえないという。
11) 現在この業務は飛躍的に成長しており50%から70%ほどまで売上高構成比を占めるようになると，法律の制定や改正が起こったときに非常に恐ろしいと北村氏は説明した。また，各業務のリスクの低減として，理想としては30%まで減らしたいという。
12) 今後の展開とは，企業存立がすでに前提となっており，その上で成長したり方向転換したりすることを意味するのである。

13) この事業では何をするかのプランは出ているが，具体案が固まっている状態ではない。
14) 現在主力となっているヘルパー派遣事業はもともとヘルパーが国の資格となっているために，技術開発の議論を持ち込む余地がほとんどない。
15) この床ずれを軽減するために「背あて」や「背のハリ」を開発する必要があるという。
16) 工場閉鎖の理由は，① 保有している技術では，複雑な構造を有する車椅子の大量生産が不可能。② 多品種少量生産を可能にする設備投資のために助成金はあるが，いつまでもペイしない。このことは，中小企業による車椅子の大量生産の困難性を示している。
17) 日本製では 10 万円の車椅子が，台湾製では 1 万円程度で製造できる。しかし，座位保持を中心としたニーズの細分化にあわせた車椅子の製造技術はわが国が優位を保っている。
18) 横尾（2005）154-155 頁。ここでは，イノベーションのための企業文化の枠組みについて非常に重要な点を提示している。

第8章
ケーススタディ：ダイナトロン社[*]
―――顧客満足の理念とリーダーシップ―――

1　はじめに

　ダイナトロン株式会社（以下，「ダイナトロン社」）はプリント基板関連システム機器およびソフトウェアの開発と販売とを事業内容とする会社である。ダイナトロン社の主力であるガーバーデータ編集システムは最高水準レベルにあり，低コストで供給される。ガーバー編集ステーション「PC-AutoCAM」，テストポイント生成ステーション「PC-TestCAM」，ガーバーデータビューアソフト「Dyna Viewer」などがある。また，機器としては，プリント基板用マスクフィルム描画装置「レーザーフォトプロッター」，プリント基盤にインクジェットにより直接シルク印刷する印刷装置「ダイレクトシルク」の輸入販売，フィルムの線幅を計測する画像測定機器などを製造している。

　これらの革新的技術も目を見張るものであるが，ここで注目するのは同社の顧客満足という企業理念と入念なアフターケアである。顧客満足の理念のもと，ダイナトロン社はプリント基板関連事業において次々と製品開発を成功させてきた。

　今回のインタビュー調査において，インタビュー対象者であるダイナトロ

---

[*] 本ケーススタディ作成にあたりダイナトロン株式会社代表取締役中村昌敬氏に，2005年8月22日（月）13：30よりダイナトロン社本社ビルにおいてインタビュー調査を行った。特に注釈のない場合はこのインタビューの内容，およびダイナトロン株式会社ホームページ（http://www.dynatron.co.jp/［最終アクセス日：2005年9月1日］）を参考にしている。なお，本文についてのありうる誤謬の責任はすべて筆者にある。

ン社社長中村昌敬氏は，質問に対して熟考してから回答したことが何度かあった。それは企業存立の要因となりうることは考え出せばいくらでも出てくるためである。時間等の制約もあるので，特に思い当たった点のみの回答を得ることができたが，このことは，存立のための要因がまだ他にも存在するということを意味する。

2 ダイナトロン社概要

2.1 業務概要

　ダイナトロン社の概要は表8-1に示すとおりプリント基板関連の事業をおこなう会社である。特に，ガーバーデータ編集システムは最高水準レベルにあり，低コストで供給しているという強みがある。この技術の高さを反映するように，同社の売上構成は，ガーバーデータ編集システム55％，レーザーフォトプロッター35％，テストポイント生成システム10％，となっている。

　また大企業には真似のできない同社の強みとして，丹念なアフターケアが挙げられる。顧客に密着して製品上に欠点が発見すると即座に対応できるようになっている。同時に，製品開発もここで得られた意見を参考におこなっており，顧客のニーズにこたえたものができあがるのである。

　ダイナトロン社では，プリント基板作成ソフトは自社すなわち国内で開発している。わが国で開発しているために，顧客からクレームが来ればその次の日にでも直すことができる。国内の同業他社は生産拠点を低コストである海外に移してしまったため，このスピーディーさは，他社では真似ができないのである。ダイナトロン社の競争相手は外国企業であるがこのような地理的要因もダイナトロン社の強みとなっている。

　これらの技術的な優位，サービスの優位，地理的な優位のいずれの背景にもあるのは，企業理念となっている顧客満足の追求である。社長である中村氏のこれまでの経緯をみることによって，この理念が打ち立てられた理由が

第 8 章　ケーススタディ：ダイナトロン社

表 8-1　ダイナトロン社概要

社名	ダイナトロン株式会社
英文社名	Dynatron Co., Ltd.
設立	1990 年 5 月 24 日
事業所	本社（東京都北区）◇技術センター（神奈川県厚木市）
事業内容	プリント基板関連システム機器およびソフトウェアの開発と販売
役員	社長　中村昌敬 専務　鳥井弘三 取締役　村井良昭　中村直美　山崎譲治　近藤育男 監査役　中村忠資
従業員数	従業員：20 名
従業員平均年齢	37 歳
大株主	中村昌敬 60%　鳥井弘三 15%

出所）各種資料より筆者作成。

明らかになる。

2.2　社長概要

　社長の中村氏は，1968 年に芝浦工業大学を卒業し，大手光学メーカーを経て 1990 年にダイナトロン社を設立し，社長に就任し，現在に至る。この企業創立の背景には，「自分でなにかをやりたい」「世帯主になりたい」「なにかにチャレンジしたい」という思いがあり，大きい会社だと先行きがみえてしまい，嫌になったという思いもあった。このように思い描いていた大手光学メーカー勤務時代に，「釣った魚にエサはやらない」大企業の姿勢に疑問を覚え，それが大企業の弱点であることを見抜く。売上高を優先し，数字だけを優先した結果，売りっぱなしといった状態があったのである。たとえば，3 月決算の前に駆け足で営業し，そのときに販売してその後の購入した顧客は，アフターケアはあるとしても，放置する。会社の評価基準に沿えば，「顧客の開拓と売上」が最優先される。

　顧客満足を優先しないことについて疑問を覚えた中村氏は大手企業ができていない箇所があり，ここにニーズがあると考え，1990 年にダイナトロン社を設立する。その箇所とは，中村氏が得意範疇とした，プリント基板に特化したソフト開発である。

2.3 プリント基板市場概況

プリント基板市場は 2000 年以来縮小傾向にある。まず携帯電話やパソコンの普及がプリント基板市場を拡大してきた。市場規模縮小の原因はプリント基板最大の需要者である，国内電機メーカーの海外進出が背景にある。プリント基板を使用するメーカーのほとんどは製造コストの低いアジア各国に生産拠点を移し，プリント基板メーカーも海外に進出していった。

3　プリント基板

3.1　プリント基板とはなにか

ここではダイナトロン社が取り扱うプリント基板について，基礎的な知識を説明する。プリント基板[1]とは電子回路を印刷した板のことである。次の写真は，プリント基板それ自体，プリント基板およびそれに接続した部品を撮影したものである。プリント基板それ自体は，抵抗器，コンデンサ，トランジスタ，IC などの部品が装着されていない板のことである。次に示す写真はプリント基板とその付属品である。写真 8-1 はプリント基板それ自体であり，器材に銅箔の回線が描かれていることがわかる。この回路は，写

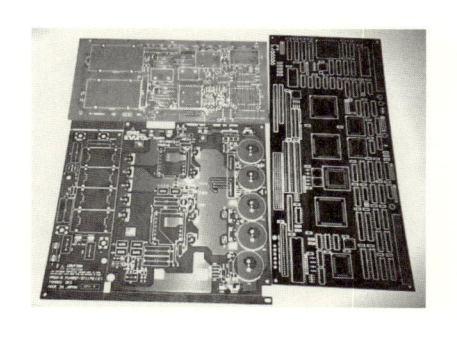

注）2005 年 8 月 22 日（月），ダイナトロン本社にて撮影。

写真 8-1　プリント基板

注）2005 年 8 月 22 日（月），ダイナトロン本社にて撮影。

写真 8-2　プリント基板と部品

真8-2に示すように回路の各必要箇所に各種部品を実装して、電化製品などに組み込まれるのである。

　プリント基板は、携帯電話やパソコン、テレビ、冷蔵庫、ありとあらゆる電気機器に内蔵されている。電子回路をつくる際に抵抗器、コンデンサ、トランジスタ、ICなどの電子部品で作成する場合には、各部品のリード線を適切に接続することが必要で、各部品を固定する必要もある。プリント基板は電子回路作成上の部品間の配線と部品を固定するために使われる。

　電気製品で使われているプリント基板を見ると、配線面が一般的には緑色をしているが、これはソルダレジストが塗られているからである。ソルダレジストとは部品接着のために、プリント配線にハンダが付かないようにするために塗るものである。部品のリード線とハンダ付けをするプリント配線部分にはソルダレジストは塗られていない[2]。

　プリント基板を使用する利点は次の三点である。第一に規格化に優れている点をあげることができる。同じ回路を何枚でも同じ品質で作成することができる。第二に工業用のプリント基板の場合、配線しなくても部品を固定するだけで電子回路を組み立てることができ、短時間で作成することができる。こうして製造コストを安くすることができる。ダイナトロン社は、こういった製造プロセスを機械化するためのソフトウェアを開発しているのである。第三に、最近では携帯電話のように細かい配線が必要とされる機器が出回っており、それに伴い回路を細くする必要がでてくる。これがコンパクト性に優れたプリント基板の必要性を顕著にあらわすものであろう。もしプリント基板を使用せずリード線と電子部品で作成すれば膨大な量になる。

　プリント基板は厚さ1-2mmの絶縁板に銅箔で配線を張り付けた構造をしている。銅箔の厚さは18～40μmのものが一般的である。絶縁板の両面に銅箔が張られていて、両面に配線パターンが描けるので、両面の配線を結ぶために工業用ではスルーホールという方法が使われる。これは両面のプリントパターンを電気的に接続するために穴を開け、その穴に化学銅メッキをほどこして両面のパターンを接続する方法である。

3.2 プリント基板の作成

通常，プリント基板の作成は，露光，洗浄，エッチング，洗浄積層といったプロセスをとる。配線部分の銅箔は配線の形をした銅箔を張り付けるのではなく，配線の部分の銅箔を残して他の部分（絶縁する部分）の銅箔を溶かして無くしてしまう方法で製作する。プリント基板を作るもとのプリント基板は，絶縁板の全面に銅箔が張り付けられているものを使用する。デザインをする必要があるので，その上に感光材とフィルムを貼り付けて作成する。フィルムには配線図の配線箇所を透明にしたものが描かれている。まず図8-1に提示されたように，基材，銅，感光材，フィルムといった材料を積み重ねセットにする。目的は基材と銅のみが残ったものである。

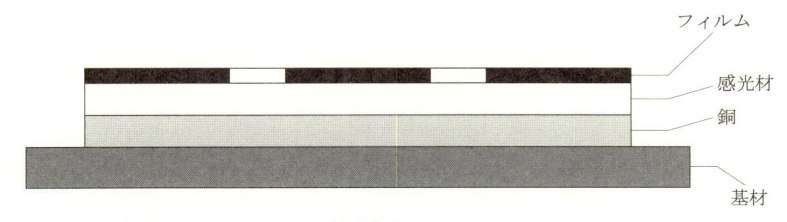

出所）中村氏のスケッチをもとに筆者作成。

図8-1　プリント基盤材料配置

図8-1で示されたフィルムの部分は，黒の部分が光を通さない箇所であり，白い箇所が光を通す透明な箇所である。図では便宜的に単純に二つの穴だけがあるように作図しているが実際は，この透明（空白）部分が複雑に回路を描いている。また，説明のために片側だけにしか銅，感光材，フィルムがないが，工業に関するプリント基板は両面に同様の加工がほどこされている。

次に図8-2に示すとおり光を当てる。感光材は光を当てることによって硬化する性質をもっている。このように上から光を当てると黒い部分は光を通さず，透明な箇所のみが光を通すので，感光材のうち，フィルムの透明部分の下の箇所だけが硬化することになる。

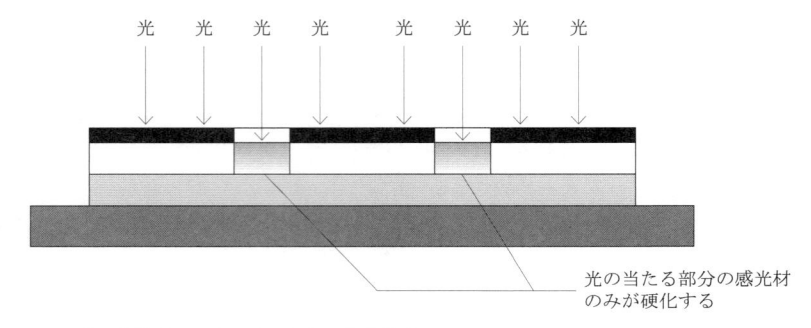

138　第8章　ケーススタディ：ダイナトロン社

光　光　光　光　光　光　光　光

光の当たる部分の感光材
のみが硬化する

出所）　中村氏のスケッチをもとに筆者作成。

図8-2　感光材硬化

　硬化したあとに，フィルムを取り除いて，洗浄する。洗浄にはフロン系，代替フロン，フッ素炭化水素などの洗浄液が使われていたが，最近では水溶性の感光材もでており，水で洗浄することも多い。洗浄のプロセスにおいては，硬化していない部分の感光材を洗い落とし，硬化している部分が洗浄しても残留する。図2においては，縦線の部分のみが残ることになる。結果的に図8-3のように硬化した部分のみが残ったかたちになる。

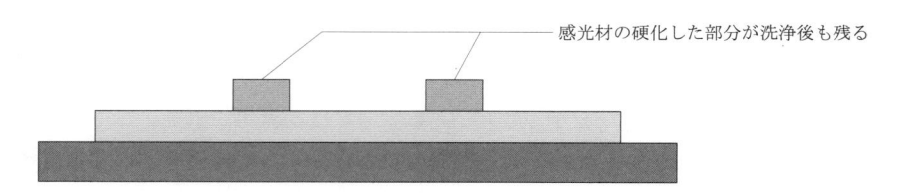

感光材の硬化した部分が洗浄後も残る

出所）　中村氏のスケッチをもとに筆者作成。

図8-3　感光材洗浄

　次に不要な部分の銅箔を溶かすエッチング（etching：腐食銅版術）処理を施す。銅を溶かすための溶剤としては塩化第二鉄の溶液が使われる。配線として残す部分は塩化第二鉄溶液で溶けないような材料で配線パターンを描いておく。エッチングをした後，マスクを剥がし，銅の腐食を防ぐためにフラックスを塗る。

銅を溶かすので，硬化した感光材以外の部分が解けることになる。図8-4はエッチングの結果を単純化して図にした。この図では結果的にすべての銅が溶けてしまうような印象を受けるが，最初に直接塩化第二鉄溶液に触れる部分が解け，硬化した部分のみが解けにくいので残ることである。

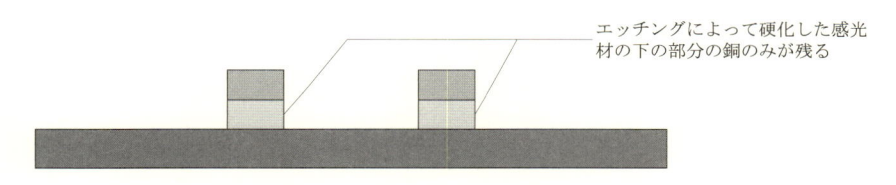

エッチングによって硬化した感光材の下の部分の銅のみが残る

出所）中村氏のスケッチをもとに筆者作成。

図8-4　エッチング完了

エッチング完了後は上部の感光材を取り払う必要がありそのために，これを再洗浄する。その結果として，もとの基材とその上にある銅版のみがのこり，図8-5のようになり，プリント基板が完成する。

出所）中村氏のスケッチをもとに筆者作成。

図8-5　プリント基板完成図

3.3　ガーバーデータ編集システム

以上のプリント基板についての基礎知識を説明することによって，本題であるダイナトロン社の革新的技術の内容に触れることができる。その技術とは主力商品PC-AutoCAMに代表されるガーバーデータの編集システムである。

ガーバーデータとは基板製造用のフィルムを作成するためのデータのことである。この電子上のデータをフィルムにプリントして先のようにプリント基板作成に使用するのである。このプリント基板作図のファイルをガーバーフォーマットといい，このフォーマットにはコードの解釈機能のために

「データが化ける」という現象がある。この省略方法の解釈が各社のシステムで異なるために変な描画になったりするのである。

わが国においては，CADシステムより出力されるガーバーフォーマットが会社によって若干異なる。ダイナトロン社はこれらのガーバーフォーマットの多様なコードを解釈する機能に強みを持っている。フォーマットの入出力，すなわちフォーマットを読む技術に強みがある。

具体的に，まずここではダイナトロン社の代表的製品であるPC-AutoCAMの性能を，特にPC-AutoCAMの製品パンフレットおよびダイナトロン社のホームページを参考にして簡単に紹介する。入出力の機能としてPC-AutoCAMは，標準ガーバーの入出力から拡張ガーバーの入出力が可能である。各種CAD/CAMシステムのアパーチャーやテキストファイルのアパーチャーについては自動変換も可能である。NCデータは，日立，ロクロク，エクセロン等各種フォーマットに対応している。また，DXF，HPGL，GDS，SAM，ODBといったフォーマットデータの入力も可能で，データ容量の制限や入力ファイル数の制限もない上に簡単な操作で高速に表示する。

編集機能として移動，回転，ミラー，コピー，ラインカット，削除やライン追加，ポリゴン追加，テキスト追加をレイヤー単位でも全レイヤー一括でも簡単に編集可能にする。豊富な合成機能を使って，合成データを簡単に作れるのでフォト出力やポジ・ネガ合成後のDRC/MRCも可能である。メタルマスク編集には，メタルパッドの切り出し，パッドの置換，編集，輪郭データの生成，スケール機能がある。また，フレキシブル基板データに使用されている輪郭データやポリゴンデータを容易に編集することができる。

注目すべき点は，データの入出力機能である。これがダイナトロン社の代表的な技術であって，ガーバーフォーマットをしっかりと読むことができることである。専門用語や企業名が並んでいるが，これらのガーバーフォーマットはすべて異なることを意味する。それはすべての方言を知り尽くした専門家（PC-AutoCAM）が，わが国に数多くある方言（フォーマット）を，意味をまったく取り違えることなく標準語にかえるようなものであり，逆

に標準語を各方言にすることもできるようなものである。PC-AutoCAM は，これらの言語をしっかりと把握できた上で，編集の操作が簡易であるといった編集機能の強さがある。

4 存立のための要因

4.1 組織構成員の決定

　ダイナトロン社はやる気のない人物，日和見主義者，目的意識のない人物，人生観のない人物は採用したあとにすぐにやめさせる。逆に業績が思うようにあがらなくても，目的意識をもっている人物，はつらつとしている人を採用したいと考えている。そのため，当面は企業存立に関係のないようにみえる事象であっても，将来的には企業がおかしくなる原因となるため，このことを徹底している。また，技術を持つ人物として，中途採用を中心にしている。

　このダイナトロンの事業領域には，3年間教育しないとわからない箇所が多い。それは，ダイナトロン社が保有している技術が複雑なのか，あるいは現場においてどのような技術がいかされるのか，そのためにどのような判断をすべきかといったことが必要なのかはわからない。しかしこの現状から，意欲を持った人物がいたほうがよいということになる。

4.2 現金商売と月次決算

　ダイナトロン社では，銀行取引停止といった事態を防止するために，現金商売すなわち，手形取引をしないことをモットーとしている。いくつかのベンチャー企業の倒産では手形が無効になって，現金を回収できず失敗するケースがある。その他にも手形関連についてはベンチャー企業に関してはよい話がない。

　たとえば，広島県の代表的なベンチャー企業であったトオーショウロジテック社はアイデアマンであった社長の下，梱包材の製造と販売で飛躍的

に成長した。しかし，主要取引先の倒産から融通手形の噂が広まり，取引先が次々と手を引いていって2004年4月に倒産した[3]。このように考えれば，手形に手を出さないのは企業存立のための要因となりうるはずである。

またダイナトロン社では月次決算をとっている。中村氏は，「あらゆる財務比率項目についてすべて平均点以上をとる」ことと「常に勝っていないといけない」こととが企業存立のための要因とはならないと説明する[4]。この説明は，ある月に赤字になり，翌月に赤字分を取り戻そうとするとうまくいかないという意味で，どの月も平均的に黒字を出していくという意味である。ある月に赤字になってしまうと，次の月も赤字になると認識している。このようにして，月次決算はかならず赤字にならないように意識している。常に平均点以上をとり，油断をせず負け癖をつけないといった意識が企業存立に貢献している。

4.3　顧客満足

ダイナトロン社は顧客満足を理念にしており，「お客様が満足する」ことを重視している。それは標本抽出台帳にも「ユーザーに密着した営業力をもち，ユーザーニーズを具体化する」[5]という一文からも把握できる。中村氏は顧客満足を考えることが，シェアや保有技術よりも重要であると考えている。

現在ダイナトロン社は，世界最高水準のプリント基板関連技術と業界におけるシェアとをもっているし，それが存立のための要因となっている。しかし，中村氏は，シェアなどは突然もてるものではなく，技術も突発的に手に入るがなにかをすれば技術が手に入るものではないと指摘する。むしろ，顧客満足を最優先に考えるからこそ，顧客に製品を売って満足してもらうだけではなく，顧客の困っていること，悩みを聞くことができて対応していくことができて，それが結果として大規模なシェアとなって，優位な技術へとつながっていったのである。このようにして考えれば，企業存立のためにも競争優位をもつためにも企業は顧客満足を追求することが重要になる。

ダイナトロン社は規模拡大をそれほど志向しない。固定客を相手とし，

ニーズにこたえていく手法をとっている。顧客満足を追求するからこそ，やたら拡大することはしないのである。ダイナトロン社には固定客が存在し，社員が顔を出して顧客の悩みをききながらニーズを把握していく。従業員を一人前と認められるまで教育するのに少なくとも 3 年かかるダイナトロン社においては，顧客に十分なアフターケアのサービスをするために，過剰に従業員を増加させることはなく，その必要性もない。またその十分なサービスのために過剰に顧客を増やしていくこともしない。

　営業に力をいれていきなり顧客を増やしても，現在の顧客満足を維持しつつ対応することはできないのである。そのため，ほとんどの事業でもそうであるように，ある事業をおこなうには，それに対応した適正な組織や顧客のサイズがある[6]。なぜなら小さくなるとそれだけ事業は縮小するが，大きくなりすぎるとリスクがあったり，コストがかかったりするからである。したがって，適正サイズより大きくなっても小さくなっても，その分だけ利益が大きくなることはない。少なくともプリント基板業界においては無理して規模を拡大していくことは適切な方法ではないと考えられる。

4.4　組織の集中と分散

　民主的な組織をテーマとした質問としてまず昨年の質問票調査の結果をもとに，「上司に対し意見をいえることと経営や組織の安定性との間の関係性」について伺った。このことについて，中村氏の回答は「意見をいえないといけないが，最終的に責任をとるのはトップ」であった。

　たとえば，ある人物が友人とともに会社をおこすとたいがい失敗すると中村氏は説明する。それは，なにかをやりはじめていくとどうしても構成員間にカネの問題が絡んでくる。そのために社内が，あらゆるものごとに対して相談しないといけなくなる「烏合の衆」の相を呈すことに原因がある。このような事態をさけるために，トップが個性をもって戦略をうちたて，従業員に理解してもらい，経営のあらゆる事象を意識させる必要がある。したがって，ベンチャー企業の経営者はリーダーシップを大いに発揮していかなくてはならないのである。この点において中村氏は，過剰に民主的な組織を否定

しているのである。

　このことは新規事業のイニシアティブをとっていかなくてはならないという説明にもつながる。「倒産の研究」「破綻の真相」から筆者が注目した「経営者がイニシアティブをとって失敗する」といった事例とこのような仮説は、「イニシアティブをとらなくても失敗する」事例を説明できない。

　質問票調査では、問15「派閥のようなものができた」および問17「組織機構の改革や経営戦略の転換がなされやすい」に強い同意を示す"1"があった。これらと企業存立やトップのイニシアティブが関連しているように考えられた。このことについて、中村氏は、派閥や内紛をつくらせないためにもトップが主導していかなければならないと考えている。むしろ派閥ができるような雰囲気を作らせないようにしないといけないために、トップのイニシアティブが必要とされる。

　以上のように、ベンチャー企業の経営者はリーダーシップを発揮し、イニシアティブをとらないといけないことが把握できた。しかし、一方で中村氏は以上のような集権的内容に反してベンチャー企業の経営者のカリスマ性について重要な指摘をした。一見すると矛盾するようだが、重要な内容が含まれている。

　　「カリスマ性のある経営者は時流にのれば成功する人もいる。（中略）しかし（その会社の繁栄は）長続きはしない。そもそもそのカリスマがいなくなったり、病気になったら終わり」[7]

　カリスマ経営者についての以上の指摘は、「その人物がいなくなれば終わり」というきわめて鋭いものである。ベンチャー企業のカリスマ経営者としてマスコミをにぎわせた社長がだんだんと注目されなくなってきたり、あるいはそのまま退陣してしまったりすることにも見られるように、カリスマ性とは時間とともになくなるものである。したがって、経営の存続にとっては、カリスマ性のみで経営することはよいことではない。こう考えると、従業員主導もトップ主導も極端にいえば存立に対して悪影響をもつことがうか

4.5 失敗の経験の重要性

失敗からの学習は同様の状況になったときにその失敗する選択肢を避けて成功に結びつけることができる，悪くても以前のような失敗を起こすほどの損失には至らないと考えられる。ダイナトロン社においては，失敗からの学習は非常に有効であり，失敗しないといけないと中村氏は説明した。しかしそれは企業を倒産に至らしめるような大規模で致命的な失敗は含まず，許容範囲のある失敗をすることの重要性を認識しているということである。

ダイナトロン社では，これまで大規模な失敗を経験していない。したがって，このような会社では，小さい失敗が数多くあるが，大きな失敗はないということが把握できる。なおここでいう許容範囲とは具体的にどういったもので，いくらぐらいの損失なのかまでは明らかにしなかった[8]。

4.6 今後の展開について

ダイナトロン社では，プリント基板に向けた開発をおこない，新しいソフトやハードの開発を世に出すことを計画中である。業界の浮き沈みがあるためにリスク分散の観点から二つの業界における安定的事業の展開の模索がなされている。しかし，まったく違う分野に進出することではなく，中村氏の得意範疇であるプリント基板の領域で展開していくそうである。

標本抽出台帳には，経営上の課題として① 優秀な技術者・研究者の確保，② 国内販売網の拡大・営業力の強化，③ 海外戦略の強化をあげている。中村氏はこれらについて「（課題への対応については）チャレンジをしているが満足いくものではない」と語っている。

優秀な技術者や研究者の確保と一言でいっても，この分野では，教育に3年かかり，なかなか育たないという背景がある。おおまかに採用するのは中途採用が中心だが，急に優秀な技術者や研究者が入ってくることはない。また中途採用でも特殊技術を有しているが，教育に時間はかかるので，現場において地道にやっていくしかないという現状がある。

同台帳には株式公開について「時期がきたら公開」と記載されているが，中村氏の在任中は「公開するつもりはない」と説明している。それは，これまで説明してきたように拡大戦略をとらず，しっかりとした顧客満足をめざしているために株式公開の必要がないことがあげられる。また，「IPOとはカネに困っていたり，会社の規模を大きくしたりするときにするもの」であるため，そのいずれの必要もないのが現状なのである。

5　小　括

5.1　民主的な組織とカリスマ社長の存在する組織

　民主的な組織が経営の安定さに貢献し，逆にワンマン社長だと倒産しやすいという仮説のもと，研究が進められた。しかし，今回の調査から民主的組織とワンマン組織との二つは直線上の関係にはないと考えられる。なぜなら中村氏の「従業員はトップに意見をいえないといけないが，最終的に責任をとるのはトップである」という認識は，その両面を併せ持つからである。民主的な組織といっても，社内が，あらゆるものごとに対して相談しないといけなくなる状態になれば組織運営のスピードは遅くなり失敗するだろう。この対策としてはトップのイニシアティブによる運営が必要である。トップのイニシアティブは派閥ができるような雰囲気を作らせず，組織や戦略の変更のスピードの加速化に貢献する。したがって，無条件に民主的な組織を企業存立に貢献するものと考えてはならない。

　一方でカリスマ経営者についての「その人物がいなくなれば終わり」という中村氏の指摘は，トップへの過剰な期待による失敗を示唆するものである。カリスマ経営者の存在する会社では，高度な能力を有する一人の人間がいなくなるという仮定が暗黙のうちになされていない傾向にある現状を物語っている。したがって，トップへの過剰な集権や期待もまた企業存立に貢献するものとはいえない。

　このように考えると筆者の想定した，革新的事業への固執「企業家の意

思」や「従業員の意思」が過剰になってしまってはいけないという想定は，一面では正しく一面では間違っている。革新的事業への固執がなくなってはその後の技術革新の波にのまれ存立できなくなり，またある技術開発ばかり行っていても，その他がおろそかになってしまってはやはり存立できなくなる。

5.2 企業存立についての知見と重要なインプリケーション

中村氏は「会社の目的は継続すること」という本研究に合致したことを考えている。これは会社がなくなれば顧客が困ってしまうと考える顧客満足を優先した結果としてもいえることである。顧客満足を優先しているために顧客のニーズをとらえ，問題箇所や新しい機能の追加などが可能となった。その結果として，大企業でも真似ができない世界水準のガーバーデータ編集システムを開発することができ，シェアを確保し，そのために競争力を有している。

本ケーススタディにおける企業存立のための要因として，まず顧客満足という企業理念の重要性を指摘することができる。企業存立の達成のための具体的な中身としては，組織構成員の決定においてやる気のない人物を退職させ，財務関連においては，手形取引をせず，月次決算を算出することがあげられる。一方で組織運営としてトップのイニシアティブを発揮させ，失敗の経験から学習させることが重要である。企業存立のために必要なものとして以上のような諸点を把握することができた。

しかし，これ以外にも企業存立の要因が潜在しているように考えられる。中村氏が，「企業存立の要因となりうることは考え出せばいくらでも出てくる」ということを冒頭に記したが，このことは，普段は意識していないようなことが企業存立の要因となっていることを示唆する。もしこのことが真であるならば，ベンチャー企業の存立を目的とする研究は積極的に多様な仮説を構築し，実証していかなければならない。

注

1) プリント基板は PCB（Printed Circuit Board）または PWB（Printed Wiring Board）と呼ばれ，海外では PCB と呼ぶのが一般的である。わが国でも当初は PCB という呼び方だったが，1960 年代にポリ塩化ビフェニール（Polychlorinated biphenyls：PCB's）という毒物の公害問題があり，それ以来，プリント基板を PWB と呼ぶようになった。

2) 工場などで電子回路を組み立てる時には手でハンダ付けをするのではなく，機械で付ける。溶けたハンダが入っている器に部品の乗ったプリント基板を配線だけ浸すように通し，一度にハンダ付けしてしまう方法である。この時，余分な部分にハンダが付かないようにするためにソルダレジストを塗っておく。ソルダレジストは上記のために塗られているのと同時に，配線パターンの腐食を防ぐ働きもする。プリント基板を自作する場合でも配線パターンの腐食を防ぐ目的でソルダレジストを塗ることもある。最近の部品は小型化に伴って表面実装タイプのものが使われる。これは部品のリード線をプリント基板に穴を開けて裏面でハンダ付けするのではなく，配線に直に部品のリード線を付けてしまうものである。この場合，工業用ではハンダ槽は使わずに練り状のハンダを使用する。プリント配線のハンダ付け部分にクリームハンダを塗り，その上に部品を置き，高温で短時間にクリームハンダを溶かし，ハンダ付けしてしまう方法でおこなう。この方法だとクリームハンダの量を細かく調整でき，高密度 IC のようなものでも，ハンダブリッジもなく，高密度ハンダ付けができる。パソコンのボードなどほとんどこの方法が使われている。

3) 「破綻の真相」『日経ベンチャー』8 月号，日経 BP 社，132-135 頁。

4) 中村氏は野球の例も出して説明した。「たとえば，1 回に 10 点取られたとして，『2 回で取り返す』なんてできるわけがない。（中略）今月赤字なら来月も赤字になってしまう。（中略）そのためには油断があってはいけないし，常に有利に進めていくために負け癖をつけてはいけない」。このことが経営にもあてはまるという。

5) 日本経済新聞社・日本産業消費研究所編（2004）『2004 年度版日経ベンチャー企業年鑑』日本経済新聞社，577 頁。

6) また，適正なサイズについて，中村氏はタクシー業界の例にも言及した。タクシー業界では，個人タクシーは 30 台から 50 台ぐらいが一番儲かるそうであって，規模拡大しても儲からないという。その理由として，それだけ拡大すると悪いドライバーを雇用したりして，サービスが悪くなったり事故を起こしたりする。またそれにともなって管理コストもかかるため，30 台から 50 台ぐらいが一番儲かるのだという。このように効率的なサイズが存在するのである。もちろん IT 業界のように拡大一直線のような業界も存在する。中村氏も IT 関連は大きくなると想定している。

7) インタビュー調査より中村氏の発言。

8) 失敗からの学習について，中村氏が「失敗したほうがよい」と語ったので，筆者は「もちろん許容範囲はあるのではないか」と質問したところ肯定した。このようなやり取りになったのは，筆者が「致命的失敗は企業存立に悪影響をもたらすもの」と想定しているのに対し，中村氏は「大きい失敗はないが，小さい失敗ごとは数多くあった」という経験的事実を持っているからである。失敗の重要性はそのような許容範囲のある失敗であると考えられる。また，具体的にどのような失敗であったかを質問したところ，話すと長いそうである。筆者はこのことから，技術的なことが含まれる内容であると想定でき，本テーマに直接結び付けるには言及する必要もないと判断した。

第9章

ケーススタディ：フィーサ社 *
——企業存立に貢献する発明家社長——

1 はじめに

　フィーサ株式会社（以下：フィーサ社）はホットランナ成形装置，静電気除去器・測定器，LSR 射出成形装置，熱関連機器，等を中心に設計から完成品まで一貫して生産し，ユーザー直販とサービスを重点にしている会社である。

　本ケーススタディで注目すべき最重要項目は，発明に重点を置く企業家の存在と企業存立のとの関係である。『日経ベンチャー』の「倒産の研究」「破綻の真相」シリーズでは倒産する企業の社長の代表例として「発明に専念してばかりで経営がおろそかになり失敗する」パターンが多くみられた。この事象から筆者は企業家の意思を想定してあらゆる仮説構築をした。特に発明家タイプの企業家が存在する企業は存立しえないという想定がそれであるが，これは棄却された。

　一方で，多くある倒産事例はフィーサ社にも当てはまる「発明家社長」という条件で一致している。フィーサ社の代表取締役社長斎藤敏男氏はまさに発明家の素質をもった企業家である。失敗してしまう企業と，存立し続けるフィーサ社とはどのように異なるのかという疑問が生じる。本章のテーマ

---

* 本ケーススタディ作成にあたりフィーサ株式会社取締役伊藤清美氏にインタビュー調査を 2005 年 8 月 25 日（木）14：00 よりフィーサ社本社ビルにおいておこなった。特に注釈のない場合はこのインタビューの内容，およびフィーサ株式会社ホームページ（http://www.fisa.co.jp ［最終アクセス日：2005 年 8 月 26 日］）を参考にしている。なお，ありうる誤謬の責任はすべて筆者にある。

は，同じような発明家タイプの経営者が存在するにもかかわらず，なぜ，多くの会社のように致命的な失敗をせずに，フィーサ社は成功しつづけているのだろうかという問題の解明にある。このことをふまえて，フィーサ社の概要，突出した技術，組織構造等をみていくこととする。

2　フィーサ社概要

2.1　会社の概要

表 9-1　フィーサ社概要

名　称	フィーサ株式会社
英文名称	FISA Corporation
代表者	代表取締役社長　斎藤敏男
設立年月日	1961 年 1 月 7 日
資本金	3,000 万円
役員	社長　斎藤敏男 専務　斎藤直彦 取締役　伊藤清美　安田豊 監査役　斎藤芙美子
事業内容	静電気関連機器，ホットランナ装置，LSR 成形装置，工業用ヒータ，センサ輸入販売，プラズマ表面処理装置
主な開発商品	静電気除去装置ダイナック，ホットランナ成形装置プラゲート，LSR（液状シリコーン）成形装置シムゲート等。
従業員数	70 名
従業員平均年齢	30 歳
社長略歴	都立大森高等学校卒業，ニコンを経て 1961 年当社入社，専務取締役就任。1977 年社長就任。
大株主	斎藤敏男 35%　斎藤直彦 28%　斎藤光江 15%
研究開発重点分野	① 半導体・電子デバイス・光デバイス ② ナノテクノロジー ③ 新エネルギー・省エネルギー
関連会社	東京フィーサ株式会社 FISA Corporation（USA） 日本菲沙株式会社上海代表処（中国）

注）　2005 年 6 月現在のもの。
出所）　各種資料より筆者作成。

　フィーサ社は，プラスチックのホットランナ成形装置プラゲート，静電

気除去器・測定器ダイナック，LSR射出成形装置シムゲート，熱関連機器サーモタックス，等を中心に設計から完成品まで一貫して生産（一部OEM生産）し，ユーザー直販とサービスを重点にしている会社である。標本抽出台帳『2004年度ベンチャー企業年鑑』では，精密機器の業界に分類される。表9-1はフィーサ社の概要をあらわしたものである。

2.2 フィーサ社の新製品

フィーサ社の最近のトピックとして，重要人物である斎藤敏夫氏が社長を引退し，産業総合研究所とタイアップした新会社AFJE株式会社を設立したことがあげられる。また斎藤直彦氏が退任し特別顧問となった。2005年9月17日の記者会見において，静電気除去器ダイナックFD-F120を近日中に発売することを発表した。この静電気除去器は，通常機器に内蔵されている電極の針がなく，汚れがつきにくいことに特徴がある。従来の静電気除去器で採用されている針形状の電極にかわり，低電圧・省電力で効率よくイオン発生をおこなうことのできる「フラット電極」が採用された。低電圧のイオン発生のため，汚れの付着が防止でき，形状がフラットなため，簡単に清掃することができるのである。

3　フィーサ社の沿革

本章においては，フィーサ社がどのようにして優れた技術を保有するようになり，競争力をもってきたのかを時系列にして紹介する。時系列に示す理由は，詳細な説明や資料を確保できたことと，質問票調査では決して得られない時間軸を導入し知見を得るためである。創業者や現社長がどのような生い立ちでどのような人物とかかわってきたのか，どのような失敗をしてどのような対策をたてたのかといったことはフィーサ社を説明する上で避けては通れないものである。

表9-2 フィーサ社の沿革

年	出来事
1959	「斎藤製作所」設立
	X線分析装置用高温カメラ開発
1961	「斎藤工機」設立
1962	結晶格子模型用球体穿孔機を開発
1963	静電気除去気の小型化に成功
1964	電算機用ローノイズ所伝送地を開発
1966	静電気の帯電と減衰度測定器を開発
1970	子会社「東京フィーサ」を設立
1971	本社ビル落成
1974	プラゲートシステムを開発
1976	プラゲートノズル市村賞受賞
1977	名古屋営業所開設
1983	静電気除去装置ブロアタイプ開発
1988	千葉テクノ開発
1989	大阪営業所開設
1993	東京営業所開設
1994	群馬テクノ開発
1995	栃木出張所開設
1996	シムゲートシステムを開発
	子会社「FISA Corporation (USA)」を米国テネシー州に設立
1997	中部支社開設（名古屋営業所統合）
	資本金を3,000万円に増資
	サーモコアックス社（フランス）と提携
	工業用センサの販売開始
1998	AHノズルを開発
2000	ワッカー社（ドイツ）と提携
2002	国際品質規格　ISO9001：2000 認証取得
	中国上海事務所開設
2004	国際環境規格　ISO14001：1996 認証取得

出所）　フィーサ社の会社案内パンフレット（2004年12月作成）より筆者作成。

3.1　人物像と創業 [1]

　斎藤寅三氏は14歳の時に福島県から上京し，陸用発動機を作る工場に勤務した。寅三氏は召集により1938年から除隊の41年まで中支に出征し，いったん帰国したが，翌42年に再び召集がかかり，スマトラのパレンバンに赴いた。45年に現地で終戦を迎えた寅三氏は，一年間の抑留生活を余儀なくされた後に故郷の福島に帰るが，再び上京のために，ただ一着てもとに

残っていた背広を売って汽車賃にあてた。この頃，旋盤の技術を有し，評価されていた寅三氏であったが，終戦直後のことで会社や工場自体が不安定で，職場を変えないといけない状況があった。

　このようななか小型自動車メーカーに勤務した寅三氏は58年に会社設立を考え，退職し，翌59年に「斎藤製作所」を創立した。この工場は西蒲田の中古旋盤を一台すえつけたわずか二坪の住居であった。この年は不景気であり，注文がなかったため卓上ボール盤を導入し加工仕事を受注するがそれでも注文が少なかった。しかし，飛び込み営業の成功が同社の成長を呼びおこした。

　寅三氏の長男である敏男氏が都立大森高等学校時代に，加藤誠軌[2]教諭から数学を学んでおり，この師弟関係がX線分析装置用高温カメラの開発にまでつながる。この技術は加藤氏のアドバイスなしにはなしえないものであった。技術が評価され，斎藤製作所は着実に発展し，資本金100万円の合資会社斎藤工機にまで成長した。

　加藤氏と緊密な関係を結んだ敏男氏は，技術者としての才に長けている。このことを示しているのが小学生のときに手作りラジオを作成し，テレビが普及しはじまった10代後半のときに手作りテレビも作ったといった事柄である。もし敏男氏が父親の影響をうけて旋盤工になっていたら，現在のフィーサは存在しなかっただろうと考えられる。その後社長となった敏男氏は全製品の60％を開発するほど，発明家的な要素が強い。

　斎藤工機の設立した61年ごろ，敏男氏は次男の直彦氏と前後して入社している。それまで敏男氏は日本光学（現ニコン）に勤務していた。六年間の在籍中に日本工学技術者養成所で勉強していたため基礎的なものを身につけていたが，その知識に磨きをかけるため，毎週土曜日には加藤研究室に通っていた。

　製品第一号となったX線分析装置用高温カメラは自身の日本光学での経験と加藤氏の技術指導によるものであった。1962年に加藤氏は結晶格子模型用球体穿孔機の製造の要請と指導をする。結晶格子模型とは一つ一つの原子の配列が一目でわかる模型のことであって，結晶格子模型用球体穿孔機と

はこの模型に穴を開ける機械のことである。

3.2 静電気除去機

　斎藤工機は63年に，その後の技術発展の上で重要となる静電気除去機の小型化に成功する。静電気除去機とはその名のとおり静電気をなくす機械のことであり，生産工程中に静電気が障害となる産業分野で重宝される。静電気による障害とは，当時の産業水準でいえば，製糸工場では糸が捩れ，印刷工場では紙同士がくっついてしまうことなどがあげられる。現在では精密機器，電子回路など，静電気除去が重要視される分野はさらに多い。このように静電気を除去することは重要なポイントなのであるが，当時の除去機は大型で，電気代がかかるものであり，「邪魔なもの」といった扱いを受けていた。静電気除去機の小型化にあたって，ここでも加藤氏の技術指導があった。

　斎藤工機はわが国では初めての電算機用ローノイズ除電装置を開発した。当時，コンピュータの分野では騒音が機能的障害を起こすということもあってローノイズ装置が開発された。この直後に電算機がブームを起こし始めたため，この製品開発は絶好のタイミングであった。その後，斎藤工機は静電気に関連した新製品を開発していく。たとえば，それは複写機用除電バーや電算機用超小型除電装地などである。

　静電気除去機の小型化に成功した直後の64年に，この画期的商品を販売しようとしたが，人員不足のため，専門業者に販売をゆだねる必要があった。ある機械販売の商社に販売を委託したところ，その会社は非常によく売りさばいた。除去機の対応年数が約5年なのだが，その取引開始の5年後の1969年に関西方面で斎藤工機製の除去機と同じ商品が出回った。これは，斎藤工機に販売委託された商社が，斎藤工機の除去機の買換需要が起こる時期を見込んで投入したものであった。

　寅三氏はクレームをつけたが，これを機会に関係を絶とうと商社は開き直り頭を下げようともしなかった。斎藤工機にも，この商社に対して2,000万円ほどの売掛金ができていたという弱い部分があった。そのため，この売掛

金が不良債権になると事業の経営にも支障をきたすため，この問題を円満に処理するしかなかった。商社はこの売掛金を逆手にとって斎藤工機に対して強い態度で臨み，斎藤工機を倒産させ，単独シェアを勝ち取ろうという狙いであった。後日，商社がこの一連の工作をしていたことが判明している。

交渉は停滞したままであったので，大口の需要筋を回って事情を説明した。斎藤工機は販売と技術サービスを目的とする子会社としてサイトウ技研株式会社（後の東京フィーサ株式会社）を設立し直販体制を整え，さらに代理店を核とする直販網づくりを志向していった。この直販体制は現在にもつづくフィーサ社の強みのひとつである。主たる取引先は富士通，日立工機，小西六写真工業（現コニカミノルタ），富士ゼロックスといった一流企業ばかりで，これらの企業が成長していくにしたがって，斎藤工機も伸びていった。

3.3 ランナレス成形技術から現在へ

静電気関連の技術が応用され，73年に，静電分離装置，静電消煙機が開発されている[3]。その翌74年にはプラスチックの成形システムが販売される。詳細は後述するが，プラスチックのバリがなくなる技術であるプラスチックのランナレス成形技術が取り組まれた。当時，ランナレス方法はいずれも装置が高価で大口需要以外にはあまり適さない。また装置の取り扱いが面倒で調整時間がかかるという欠点があった。これを解決した装置が製品以外に余分なものが出ないスプールランナレス射出成形装置であった。価格も従来のものより40％程度安く，作業能率が格段に上がるものとして注目が集まった。その後，76年にこの製品は新技術開発財団主催の市村賞を受賞した。これが現在でも主要製品のひとつである「プラゲート」の開発前後の説明である。

プラゲートは多くの注目を浴び，需要が高まってきた。ここで，同社は前回の販売委託の失敗を参考に1977年に名古屋営業所を開設している。翌83年には静電気除去装置ブロアタイプというさらに前回の除去機より一段上のものを開発する。この後は88年に千葉テクノを開設，89年に大阪営業所を開設，93年に東京営業所を開設，94年に群馬テクノを開設，95年に栃木出

張所といった具合に直販体制が確立されていった。

　93年斎藤工機はフィーサに社名を変更した。フィーサ（FISA）とは，"Future Innovations Striding Ahead" の頭文字をとったもので，「未来に向かって革新を怠らず大きく踏み出してゆこう」という意味である。このことが企業理念ともなっている。フィーサ社は96年にはテネシー州に海外進出をはたす。同年液状シリコーンのランナレス射出成形システムを開発している。翌97年に名古屋営業所を統合した中部支社が開設され，資本金は3,000万円へと増資された。2002年に国際品質規格ISO9001：2000を取得，2004年には国際環境規格ISO14001：1996を取得した。

　現在にいたるまで他企業が追随できないような高度で付加価値の高い製品を開発し，大企業に劣らない競争力を身につけている。積極的な技術開発への投資，敏男氏と加藤誠軌氏との師弟関係による多くの技術指導といった諸点は，見逃せない点である。

　現在では，株式を斎藤一族が握っている状態であるが，トップが高齢であり，社長自身が「一族のものである必要はない」という考えを持っており，IPOも考えている。

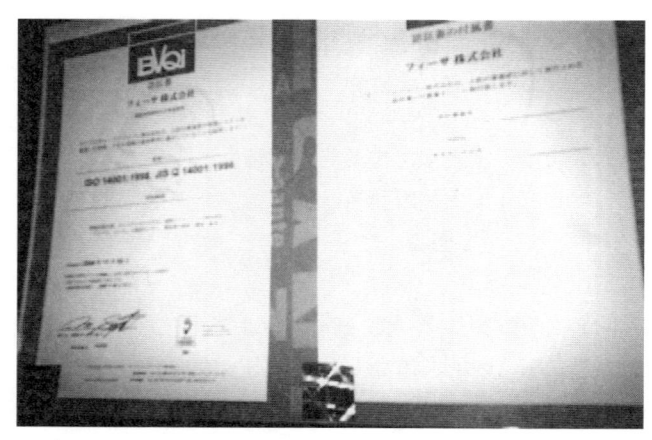

注）フィーサ社本社にて撮影（2005年8月25日）

写真9-1　応接室に掲げてあるISOの証明書

4 ホットランナ成形装置「プラゲート」

4.1 企業理念とランナレスとの関係

　高度な技術を有する製品としてフィーサ社の売上高の約70％を閉める主力製品プラゲートの説明をする。そのためには，この技術開発の根底をなす企業理念の存在を指摘しておかなくてはならない。

　フィーサ社の企業理念に「ムダからの脱出」というものがある。これを理念とすると，通常廃棄するようなものをどうにか抑えられないかといった考えがあらわれる。同社のプラスチック成形のためのランナレスシステムはこの理念に基づくものである。「ムダからの脱出」という理念は，どうすれば「プラスチック成形にでてしまうランナをなくすか」といった考えに結びつくのである。

　プラスチック成形は，まずプラスチックを高温にして液状にして型に射出し，次に冷やして型をはずして完成するといったプロセスを通る。通常，一度の射出で複数の成形品ができる「多数個取り」というやり方が用いられているが，この方法では，液状になったプラスチック樹脂を一箇所の穴から入れるため，その液が流れるための経路が必要になる。この経路にも樹脂が存在するために，この樹脂が冷却後に成形品をつなぐ枝になってしまう。ちょうど，プラスチックモデルの部品をつなぐ枝がイメージとして，これに非常に近い。

　プラスチックでできたこの枝のことをランナと呼ぶ。ランナが成形品をつないでいる状態で成形されると，成形品をランナから切り離す工程，バリを除去する工程が必要になってくる。ランナレス成形技術とは，成形品をつくるのに必要な量だけ樹脂を流すことで，こうした枝をなくし工程を減らそうとするものである。フィーサ社では，このランナレスを実現するために，液状のプラスチックを流す射出成形機及び金型にとりつけるホットランナ装置をつくっている[4]。

4.2 プラゲートの特徴

プラゲートとは，ランナレス成形装置のなかで，プラスチックを型に流し込むまでにはいるノズルの商品名である。射出成形用の金型に組み込んで使用する。この特徴は，外部駆動装置を必要としないところである。樹脂圧によってゲートを自動開閉し，シンプルで低価格なところが強みとなっている。

プラゲートは上の写真9-2に示すように，長さ約15cmの水筒のような形をしたものである。このようなノズルは最新鋭のハイテク設備と，超精密加工技術によって製造される。素材はレアメタル合金の超耐熱および超高張力鋼を使用し，高度な熱処理技術により高精度で高品質な製品ができる。

注）2005年8月25日（木），フィーサ社本社にて撮影。
写真9-2　ホットランナ成形ノズル「プラゲート」

4.3 ノズルの作動原理

外部駆動装置を使用せずに樹脂圧力を動力としてゲートを自動開閉するのがプラゲートの開閉システムである。ここでは，図解してそのシステムを明らかにしていく。

図9-1は，平常時におけるプラゲートの状態である。図中の黒い部分は，

4 ホットランナ成形装置「プラゲート」 159

スプリングの力で、ピストン
を押して閉じている。

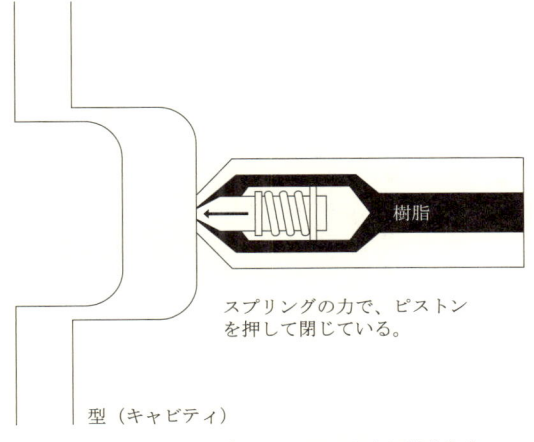

型（キャビティ）

出所）プラゲートノズルパンフレットより筆者作成。

図9-1 樹脂注入前のノズル状態

プラスチック成形品のもととなる樹脂である。この図では，右側から樹脂が入り込み，キャビティが開いている，すなわち，プラスチック成形の準備前の状態である。ここでは，樹脂が入り込んでいないため，樹脂圧がかかっていない。そのため，内蔵されたスプリングの力によって，ピストンを押して，プラゲートの口は閉じている。

　プラスチック成形は，キャビティを閉じて，樹脂注入の準備をおこない，樹脂を注入するプロセスになる。プラゲートとキャビティとは密接しており，プラゲートが口をしっかりと閉じることによって，プラスチックの成形品にランナが出ないのである。ここで注入の時に特にスイッチを入れるといった作業をするまでもなく，そのまま注入するのである。

　この図では樹脂は右から左に圧力をかけて注入しているとみる。白い矢印は樹脂の流れ・樹脂の圧力の方向をあらわしている。矢印をおうと，最終的に左側のキャビティに入ってプラスチックの成形がなされるのである。プラスチック成形は，まず型を密閉して樹脂を注入する方式でなされる。図9-2は樹脂注入中の状態をあらわしたものである。

　図9-2で注目できることは，キャビティとプラゲートとの接続地点にお

樹脂を注入すると、樹脂圧がかかり
ピストンが後退する。

キャビティを密着させ、壁を作る。

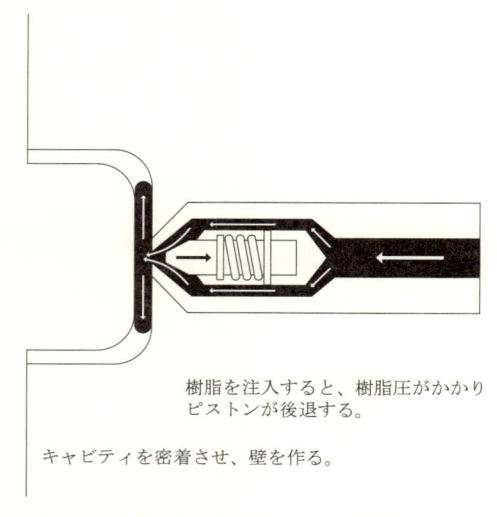

出所）プラゲートノズルパンフレットより筆者作成。

図9-2　樹脂注入中のノズル状態

ける矢印の方向である。樹脂圧がかかると，ピストンは先のとがった形をしているため，黒矢印の方向に動いていく。この樹脂圧の動きを描いたものが，ピストン周辺の曲がった矢印である。樹脂の注入圧が，ピストンを右の方向に押さえ，ゲートが開き，樹脂がキャビティに入っていく。ノズルは樹脂圧の変化によって開閉するシステムになっているのである。

　最後に，キャビティへの充填が完了して，樹脂圧が下がると，当然のことながらスプリングの力がピストンを押すので，入り口がふさがれることになる（図9-3）。このことをシールというが，完全にシールされるために，熱されてクリーム状である樹脂が糸を引いたり突起ができたりするようなことがないのである。このようにしてプラゲートの開閉システムは外部駆動装置を使用せずに稼動するのである。

　ここでは単一のノズルだけで提示したが，実際にはプラスチック成形は，いくつものゲートから樹脂を注入しておこなう。しかしこのようなノズルを使用することによって，全ゲートに均等な樹脂圧がかかり，全ゲートが同時に開

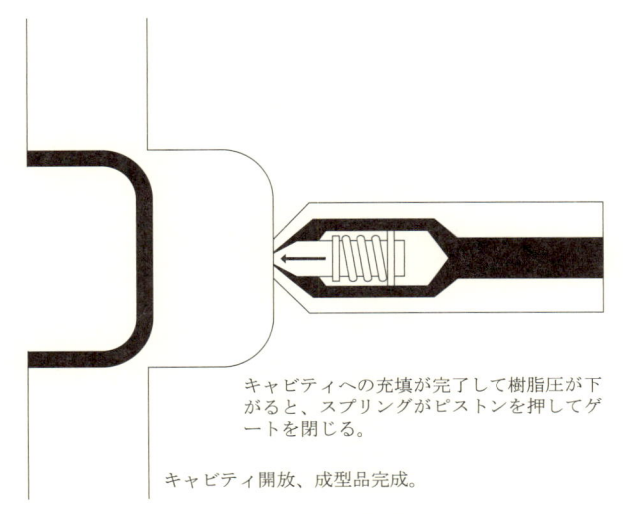

キャビティへの充填が完了して樹脂圧が下
がると、スプリングがピストンを押してゲ
ートを閉じる。

キャビティ開放、成型品完成。

出所) プラゲートノズルパンフレットより筆者作成。

図 9-3　樹脂注入後のノズル状態

く。このため樹脂のキャビティへの充填のばらつきがなくなるのである。

　プラゲートノズルには，内部が流線型のために，樹脂の滞留がなく，滞留によるムラをなくすことができる。またこれらの一連の工具は超耐熱合金でできているため，長く使用することができ，ノズルの金型への組み込み，取り外しが容易にできるものなのである。

5　小　　括

5.1　企業家の意思のつよさ

　フィーサ社の競争力は主として，高度な技術力を有していることと直販体制を確立したこととにあった。組織的な面では，いわゆる発明家的な企業家である斎藤敏男氏であったが，自身が技術開発に専念できるように開発・製造・営業といった諸部門にしっかりと担当させるようにし，同時に連携し

て活動させるようにしていた。経営者として最後の意思決定をするのは斎藤敏男氏であるが，決してワンマンにならず，発明者としてカリスマを保っているのは非常に興味深いことである。伊藤氏によると，カリスマ性は必要であって，ワンマンは防止するものであるという。このため，組織のうち，財務部門には一族を配置していないのである[5]。これと同時に，人事面や総務面にもしっかりと人材配置をして，社長が力をそがれることがなく，発明活動ができる組織構造を形成していた。

　また，販売委託をした商社が類似品を販売するという失敗の経験をいかして，直販体制を築いていったことが強さとなった。この失敗の経験をいかして次に来るものに対応していく姿勢は非常に重要なことであると考えられる。このときに係争を続けていれば，その後のプラゲートシステムの開発がなかったことになる。

　一見すれば「倒産する会社によくみられる発明家社長」ととらえかねない特徴がフィーサにはあった。しかし，その発明家社長は非常に高度な技術を有し，かつニーズを捉えたものであったため，フィーサは存立しているのである。また，中国の廉価な製品の脅威を考えれば，研究開発を続けていく必要がある。このように考えれば，筆者の想定した企業家の意思が存立の障害となるという仮定が支持される余地はない。

　フィーサ社の事例における知見とは，連携した経営システムを有しつつ技術開発に力を入れる経営構造と，企業家が革新的事業のイニシアティブを持っていくこととがベンチャー企業の存立のための要因となるのである。以上のことをまとめると，社長自らが発明活動に専念することができ，しかも経営が安定するような組織構造をたもちつつ，組織を形成することがベンチャー企業の存立に寄与するものなのである。

5.2　経営課題とイノベーション活動

　現在フィーサ社が懸念していることは中国の低価格製品が脅威であるという。このようなホットランナ関連の技術は現在フィーサ社のみであるが，これから他社が参入してくることが見えている，という。現時点のままでは

他社に真似されるために，フィーサ社は自社技術を発展させるか新製品をつくっていく必要があり，そのために研究開発に力を入れている。特に次世代の開発担当に力を入れており，発明成果に対し成功報酬をだしたりしているが，研究開発や高度技術は教え込んでもなかなかできるものではない。現在の新たな取り組みとして，産業技術研究所との連携による開発活動が挙げられる。

本ケーススタディにおいては，発明家としての才に恵まれた斎藤敏男氏の従業員育成の理念がみてとれる。まず，そろそろ世代交代も近づき，自らと同じだけの能力を持ち得ない従業員に事業を託すために育成を急いでいる。しかしそれでも満足できないために外部の研究機関と結託するというものであるが，従業員を送り込んだり，一方では，インセンティブを与えることによってイノベーション活動の活発化を図っていたのであった。

人材の面では，標本抽出台帳となった『2004年度日経ベンチャー企業年鑑』において経営課題とされていた優秀な技術者・研究者の確保は，実際にはなかなか集まらないという状況がある。近年各企業の退職者のなかで優秀な人物がいることがわかったため，新卒や中途での採用よりも，退職者を活用しようとしている。

5.3 財務関連の存立のための対策

フィーサ社のような研究開発型企業においては，研究開発に資金が必要とされるため，借入金が多いという特徴がある。現時点では金利が低いため，経営に支障はないが，金利が上がった時の対策として，借入金を減少させてきていることが挙げられる。

フィーサ社では，手形取引もおこなっているが，まったく無防備に手形を受けているのではなく，相手先の変化に常に注意をはらっている。フィーサ社の取引会社のうち一年に，二社から三社程度が倒産することがわかっている。取引会社に納入するプラゲートノズルの価格は一点につき数十万円程度のものであり，設備としては低価格なものである。平均として各社にノズルを二,三点納入しているため，一社倒産しても損失が100万円以下なのであ

る。そのためにフィーサ社の不良債権比率は低く，同じ期のうちに償却できるのである。

5.4　企業存立のための開発活動

　フィーサ社においては，経営の安定化にもっとも貢献していたのは，「製品の開発」であった。同社は次世代を狙った開発をしている。さらにこれを利益の面で支えていたのが中間マージンのない直販体制であった。これには静電気除去器をめぐる，過去の失敗が活かされている。この開発活動をじかに支持していたのは社長の斎藤敏男氏であった。

　このように企業が開発活動を安定した基盤のもとに展開していくことは企業の存立に貢献する事柄であり，企業家の革新的事業への志向もまた企業存立に貢献する事柄なのである。それは企業の存立にとどまらず，競争力の源泉となる事柄であり，成長を可能にするものでさえある。

　斎藤敏男氏は前社長の寅三氏を精神的支柱としていた。たとえば開発活動において，旋盤などを手作業によっててがけていた寅三氏はモノの構造について的確な知識があり，図面どおりにモノをつくれるということが，その精神的支柱とならしめるものであった。従業員が企業家に抱く精神的なことがらもこれに近いのではないだろうか。もしこのことが正しい場合には，従業員の精神的支柱となりうるような発明精神の旺盛な企業家が大切である，ということになる。

注
1)　本小節の内容は伊藤氏へのインタビュー調査および，1975年6月2日から6月12日までに『日本工業新聞』に掲載された「チャレンジシリーズ明日を射る」を参照している。なお，斎藤寅三氏は，ちょうど本インタビュー調査の始まる直前の2005年6月に逝去された。
2)　加藤氏は理学博士であり，のちに東京工業大学教授，同大学名誉教授，岡山理科大学教授となった。専門分野は応用科学で，特に無機材料光学に関しては，わが国の第一人者である。
3)　静電分離装置とは静電気の作用によって海岸などで干し上げられた煮干から付着したごみを除去するもので，応用範囲は煮干にとどまらない。静電消煙機とは，たとえば梱包作業場では悪臭を伴った煙がでてくるのを静電気を利用して消してしまうものである。このころビニールフィルムの表面にインクをのるようにした高周波表面処理機も出している。
4)　「モノづくり見聞録3／フィーサ」（http://www.pio.or.jp/sangyo/kenbunroku3/mono3_30.html）
　　［最終アクセス日：2005年8月27日］

5) 今回インタビュー調査に対応した伊藤氏は，銀行出身で，組織と財務面をバックアップする役割を担っている。中小企業にありがちな公私混同の財務について社長自ら意識したために財務面は第三者にしているという。

第10章
仮説検証の考察

1　はじめに

　第4章では仮説検証の方法として質問票調査がとられ，仮説の支持，棄却といった検証作業をおこなった。質問票調査における仮説検証作業においては，ベンチャー企業の一般的性質を把握することができたが，ごく表面的な事象しか説明することができなかった。そのため，第6章から第9章までケーススタディとして提示したように，インタビュー調査によって具体的な現象を明らかにしてきた。インタビュー調査においては，質問票調査の結果から安定していた企業を選び，また参考までに設立間もない会社を付け加えた。

　本章は全体の結びであり，第2部を中心として全体の総括をおこなうが，インタビュー調査においては小括をおこなっていなかったために，そのなかでも特にインタビュー調査の総括に重点をおくこととする。

2　質問票調査

2.1　調査概要

　筆者はいくつかの仮説を構築し第5章で示されたように，この検証のために，2004年5月に質問票調査をおこなった。使用された標本抽出台帳は『2004年度版日経ベンチャー企業年鑑』であり，諸制約から乱数表を用いたランダムサンプリングをおこない，質問票を1,000社の人事担当者に送付し

た．標本サイズは258必要であったが，298社からの有効回答を得ることができ，一般性をもつのに十分であった．記述統計，相関係数から仮説検証をおこない，その結果，多くの仮説が棄却され，一部の仮説が支持された．

2.2 仮説検証

表10-1は仮説検証作業において提示された仮説とその支持か棄却かをあらわしたものである．第4章において提示された仮説は，記述統計，相関係数，グラフィカルモデリングによって検証作業をおこなった．その作業の概要は，仮説に記述されている内容と一致し統計的有意であれば，仮説を支持するというものであった．

表10-1 仮説一覧

仮説番号	仮説内容	検定結果
仮説1	企業家の意思が弱化することが企業存立に貢献する	棄却
仮説2	企業家の意思が強化すると企業存立に悪影響を与える	棄却
仮説3	第一の革新的事業が成功すると企業家は同じ手法を用いがちである	棄却
仮説4	企業家の革新的な志向は，時間がたつと従業員に伝達される	棄却
仮説5	従業員の意思が強くなるほど企業存立に貢献する	支持
仮説6	従業員が意見をいえる状況が企業存立に貢献する	支持
仮説7	促進型でも対抗文化でもない適度な下位文化が存立に貢献する	棄却

注）表5-7と同一のもの．
出所）筆者作成．

特に，本調査においては，民主的な組織と企業家が革新的事業に興味を持ち続けなければならないという二点が企業の存立維持に貢献するということが把握できた．本書のテーマであり，当初の想定であった「企業存立のためには，企業家は革新的事業への関心を低下させ，経営を中心的業務にしていく必要がある」は，事実によって大きく否定され，「企業存立のためには経営を中心的な業務としておこなうことは必要だが，企業家は革新的事業への関心を失ってはならない」という逆の結果となったのである．

この質問票調査の結果から得られた結果より次の二つの仮説が支持された．三つの発見事実を提示したが，特に重要な発見事実として，企業家の意

思が多重概念であったことがあきらかになった。当初，企業家の意思とは「革新的事業への固執が高まると，それを従業員に強要する」という想定がなされていたものであった。したがって，「革新的事業への固執」それ自体は企業存立に対して正の関係をなしており，「従業員への強要」は負の関係をもつと考えられる。ベンチャー企業におけるその他の発見事実として，企業家の革新的事業への固執は永続するものであって，組織内に派閥ができにくいものであったことがわかった。

仮説5：従業員の意思が強くなるほど企業存立に貢献する

仮説6：従業員が意見をいえる状況が企業存立に貢献する

発見事実1：企業家の意思は多重的概念であった

発見事実2：企業家の革新的事業への固執は永続するものである

発見事実3：ベンチャー企業では派閥ができにくい

　ベンチャー企業の存立のための組織として有効なのは，次の二点を有するものである。第一に，従業員が革新的事業への志向を持っており，第二に，従業員からの意見があがってくるような組織を有している企業である。このような組織になるように企業家が心がければベンチャー企業が致命的失敗を起こさずに事業を継続していくことができるはずである。

　次に発見事実1および発見事実2から企業家の意思をめぐる具体的な調査を必要とした。その理由は，企業家の意思をめぐる具体的な内容を探る必要が生じ，仮説構築の段階とはまったく異なった結果が出たからである。そのためにインタビュー調査をおこない，この具体的な中身や実際の状況を把握しようと考えたのであった。

3 インタビュー調査

3.1 標本抽出

具体的にどのようにして企業家の意思，および民主的な組織が企業存立に貢献しているのか，という疑問が生じる。質問票調査の利点は，一般性を求めるのに最適であるが，具体的にどのようなファクターが潜んでいるのかがわからないという欠点がある。そのため具体的にどのような状況がベンチャー企業に存在しているのかを探求するための方法としてインタビュー調査をおこなった。インタビュー調査は，2003年11月19日に創業間もないF社と，2004年5月に実施した前回の質問票調査で得られた298の標本から抽出した4社とによってなされ，その内容は第6章から第10章まで各章にケーススタディとして提示した。

F社以外のインタビュー調査の対象となる標本の抽出条件は，①質問票調査において安定していると回答していること，②東京都内であることとの二つであった。この二つの抽出条件をみたした企業が33社であった。これらの企業にインタビュー調査の依頼文を送付し，インタビュー許可を得られたのが4社であった。もちろんこれは統計的な有意をみたすものではない。

3.2 標本概要

安定したベンチャー企業として標本となった4社は，株式会社S（以下「S社」）[1]，日本オートランニングシステム株式会社（以下「日本オートランニングシステム社」），ダイナトロン株式会社（以下「ダイナトロン社」），フィーサ株式会社（以下「フィーサ社」）であった。

2003年11月19日に行われた創業から時間のたっていないベンチャー企業としてF社の事例研究をした。したがってF社は研究の流れからみると少し対象から外れるのだが，ケーススタディという枠でくくった。これらの標本

の概要およびインタビュー対象者は以下の表10-2に示すとおりであった。

表10-2 インタビュー対象企業および対象者

	有限会社F	株式会社S	日本オートランニングシステム株式会社	ダイナトロン株式会社	フィーサ株式会社
事業内容	システムコンサルティング	多言語翻訳・マニュアル作成・データ処理	車椅子オーダー・介護用品のレンタル・ヘルパー派遣	プリント基板関連システム機器およびソフトウェアの開発と販売	ホットランナ成形装置・静電気除去気などの設計から販売まで
対象者	M氏	K氏	北村正人	中村昌敬	伊藤清美
役職	代表取締役	代表取締役社長	取締役	代表取締役社長	取締役
日時	2003年11月19日 18:00～	8月12日（金）13:30～	8月21日（日）9:00～	8月22日（月）13:30～	8月25日（木）14:00～
場所	有限会社F本社七階応接室（当時）	株式会社S本社一階応接室	北村氏自宅マンション一階喫茶室	ダイナトロン株式会社二階応接室	フィーサ株式会社四階応接室

注）業種および主要業務は標本抽出台帳となった『2004年度版日経ベンチャー年鑑』を参考にした。
出所）筆者作成。

3.3 ケーススタディの概要
3.3.1 F社

F社はシステム運営およびコンサルティングを取り扱う会社である。インタビュー調査の時点では創業1年目という非常に設立間もない会社であったが、その後飛躍的に成長した会社である。このケーススタディから得られる重要な事実は創業から時間のたっていない会社はどのような状態になっており、どういった特徴を持っているのかということである。

創業経営者であるM氏は、大学を卒業後、1年でこの企業を設立した。情報システムとそのコンサルタントという新規的な技術をもって成長へと導いた若い企業家である。M氏は学生時代のアルバイト経験や、自分で簡単な仕事をおこなっていた時に「仕事をやること、収入が入ることが面白く感じて、会社を作ってみよう」と考え創業に至った。

F社には，コンピュータシステムを駆使した「財務システム」が存在する。これは，月ごとの貸借対照表，損益計算書，キャッシュフロー計算書を出せるものである。このシステムは，データをプリントアウトすると，A4用紙一枚で，一目でわかるように設定されており，シミュレーションが容易になり，迅速に問題を把握し提示することができ，すばやい対策を練ることができる。

　F社は，いわゆる仲間同士でできあがっていった会社である。その仲間とは，主に，大学時代の友人一人の計二人の集団と，派遣社員をやっていた時の友人三人の集団であり，これらが創業時の構成員になった。創業にあたり，全員目的意識も高く，上下関係も存在しない状態であった。そのため，事業が展開し，組織が形成されていき，人事考課が問題となっていった。ここに存在する対立は，ベンチャー企業のような小規模企業にも，下位文化は存在するということを意味する。

　F社のケースにおいては，主文化がなにかについては提示しにくいが，すくなくとも二つの文化集団が存在していたことは明らかである。仮に主文化を全社にわたる価値観であるとすれば，二人の集団の有した財務志向型の価値観と三人の集団が有した技術志向型の価値観，すなわち，それぞれ下位文化が存在していたということになる。また，主文化を企業家の価値観にそうものであるとしても，三人の集団の有した技術志向型の価値観は下位文化であることになる。

　これらの二つの集団の価値観は混合していった。それは双方が双方の立場を理解するというようなものであり，個人単位では，ふたつの見地を持つことができたということである。M氏は財務側の人間であったが，やがて技術の見地も理解するようになっていったのである。

　F社の事例から，創業間もない組織は社内制度や個人間の連携を作り上げていく段階であったということや，小規模で若い組織にも下位文化が存在していたことが把握できた。この会社の存立のもととなったのは健全な財務体質であり一方では，民主的な風土であった。

　存立のための要因としてあげることができるのは，つねに財務諸表を週単

3.3.2　S　　　社

　S社は，翻訳業を営む会社である。前回の質問票調査において，経営の安定化が見られた。今回のインタビュー調査は特に翻訳ベンチャー企業としてどのような経営の特殊性があるのか，どういった事項がS社を安定させたかが焦点となる。S社自体はスイスに拠点を置くSグループの日本支社である。しかし，代表取締役K氏が株式の60%を保有しており，Sグループの経営は，各国のSグループ会社に大幅な裁量と責任を与えているため，独立した企業体とみても差し支えはない，と考えたのであった。

　S社の事業内容は翻訳を中心として，ソフトウェア関連，翻訳，編集，記録の四つに大別できる。ソフトウェア関連では，プログラム開発，翻訳支援ソフトウェア開発，技術用語データベース構築，ネットワーク構築といったものである。翻訳支援ソフトによって，品質管理，納期の短縮，コストの削減といったトータルな合理化が可能になる。特に，日本の市場で製品を販売する外国企業，海外市場で製品を販売する日本の国際企業，および，諸外国の技術情報を収集する日欧の国際企業が主な顧客となっている。特に注目すべき点は，データベースにして，ドキュメントの翻訳をある一つの用語の翻訳を修正すると，すべての訂正箇所が一気に修正できるという点である。膨大な量のドキュメントをもつ企業においては，非常に有用性の高いものである。

　S社の主力製品は翻訳支援ツールである。このツールは，最近過剰に増加したドキュメントの量という背景に対応するものとして考案された。システム構築には技術的な知識と，翻訳の知識とが必要とされる。一方，ビジネス社会においては，膨大な技術情報があり，それが絶えず更新されるという状況が存在する。このような状況に対処する必要があるため，一度翻訳した訳文を再利用し，また，用語も管理できるようにしておかなければならない。

翻訳支援ツールを使用して翻訳するということは，まず機械での既存の取り込みから，人間の手による翻訳を通してなされる。この後に日本語のドキュメントが完成するため，翻訳のプロセスに二段階存在する点が興味深い。

　S社の存立の最たる要因は，海外各社のSグループとの連携であった。このような背景，および業界特殊性から，S社はフラットな組織を形成してきたのである。失敗からの学習のため，原因追及の体制を築きあげた。現在の経営課題である営業活動の強化についても翻訳支援ツールの活用化などによって対策がなされている。なにかしらに挑戦するような姿勢もあり，かつ組織体制が民主的な状態であるため，このケーススタディにおいては，「企業家の意思の強力化が企業存立の障害となる」といったことは否定され，「従業員の意思が企業存立に寄与する」ことが肯定された。この結果を裏付けるように企業家であるK氏は従業員の平均年齢の低年齢化や教育を重視していた。このことは革新的なビジョンあるいは能力といったものの伝達を意図したものである。

3.3.3　日本オートランニングシステム社

　日本オートランニングシステム社は車椅子の製造販売流通から，近年ではホームヘルパー派遣事業によって急成長した福祉関連業務のベンチャー企業である。社長の小玉広輝氏は17歳の時に受傷し，1級障害者となっている。心身障害者通所授産施設を七箇所に有する「木馬会」，および，身体障害者療護施設の「もくば会」の代表者でもある。自らの障害経験をもとに，「障害者の社会参加」を理想としている。

　北村氏へのインタビューでは，「革新的事業」という用語にこだわらず「新しい事業」と解釈すれば，ベンチャー企業に限らず普通の会社でも常識的なことであるということをうかがうことができた。主たる事業は時間がたてば停滞するものであるため，企業は新分野への開拓を必要とする。北村氏は，日本オートランニングシステム社のトップが旧態以来の車椅子の製造販売だけにこだわっていたら，介護保険のときに売上高に壊滅的な打撃を受け，外国製の安い車椅子の日本進出，制度上におけるレンタル価格の上限や給付金額も削減といったことから存続していなかったと説明する。

第 10 章　仮説検証の考察

　日本オートランニングシステム社の事例では，企業家の革新的事業への固執である企業家の意思が影響しているかどうかの結論はでなかったが，新規事業のイニシアティブをとることについては，きわめて重要であったといえる。法制度の変更を踏まえ，事前にリスク分散のためにいくつかの事業をおこなうことがこの業界では重要なポイントであった。一方で当初の車椅子の事業がうまくいったとしても，それにこだわっていたら現在の同社はなかったという北村氏の指摘は非常に興味深い。もし企業家の意思を志向性の面でのみとらえるならば，おおむね正しいのである。

　この事例では，コングロマリットのようなまったく違う分野に手をださず，福祉関連に特化し，なおかつ企業理念「障害者の社会参加」のもと，一貫した理論で事業を展開していた点が注目でき，企業理念が実践に矛盾せず成長し続けることの重要性を示唆している。

　日本オートランニングシステム社の組織については，① 福祉関連業界に共通する法制度との関連と，② 安定化の途上ということとの二つが特徴的であった。福祉関連業界に共通する ① の法制度との関連については，特に国の制度が売上高に与える大きな影響をみることができた。法制度の成立や改定によって，打撃を受けても常に資金を確保しておくためには銀行などの諸機関からの信頼が必要となる。そのためには人事制度の確立，返済総額の削減と月次決算によって透明性の高い経営をすることが重要であることがわかった。一方で法制度の変化に対応できるようにいくつかの事業を手がける必要性を把握することができた。この複数の事業をおこなうことにあたっては，新規事業を志向するトップの存在と企業理念の浸透が重要なのであることがわかった。

　拙稿（2005c）において「ベンチャー企業では企業理念が浸透しているとイノベーションの創始が起こりやすい」ということが示唆されているが，この深層を探索することができた。日本オートランニングシステム社では，企業理念が広く行き渡っており，それと同時に従業員おのおのの意見を尊重していた。このようにあるひとつの理念を基礎とした多様な価値観がイノベーションの創始に重要なのである。

日本オートランニングシステム社では，まず小玉氏の一貫したビジョンが存在する。これは小玉氏が代表をつとめる三団体「もくば会」「木馬会」「日本オートランニングシステム社」に共通した「障害者の社会参加」というものである。日本オートランニングシステム社では個性を尊重し，創造性を妨げないようにしており，それが理想であるとしている。このことは横尾（2005）の説明を大いに支持する事実である[2]。特異な技術とまではいかなくても，ニーズにあった車椅子を開発し続け提供し続けているのである。

3.3.4 ダイナトロン社

ダイナトロン社はプリント基板関連の事業を取り扱う会社である。特に，ガーバーデータ編集システムは最高水準レベルにあり，低コストで供給している点で競争力を有している。

企業理念は顧客満足であり，万全のアフターケアをおこなう。代表取締役社長中村昌敬氏は「会社の目的は継続すること」という本研究に合致したことを考えている。これは会社がなくなれば顧客が困ってしまうという顧客満足を優先した結果としてもいえることである。顧客満足を優先しているために顧客のニーズをとらえ，問題箇所や新しい機能の追加などが可能となった。その結果として，大企業でも真似ができない世界水準のガーバーデータ編集システムを開発することができ，シェアを確保し，そのために競争力を有している。

ガーバーデータとはプリント基板製造用のフィルムを作成するためのデータのことである。このコードの解釈システムが各社のシステムで異なるために変な描画になったりするのである。ダイナトロン社の代表的製品 PC-AutoCAM はこのような多種多様なコードを有するガーバーフォーマットのデータを自然に解釈し読むことができる。PC-AutoCAM は，これらの言語をしっかりと把握できた上で，編集の操作が簡易であるという編集機能の強さがある。

民主的な組織が経営の安定さに貢献し，逆にワンマン社長だと倒産しやすいという仮説のもとに研究を進めてきた。しかし，今回の調査から民主的組織とワンマン組織との二つは直線上の関係にはないと考えられた。なぜなら

中村氏の「従業員はトップに意見をいえないといけないが，最終的に責任をとるのはトップである」という認識は，両面を併せ持つからである。民主的な組織といっても，社内が，あらゆるものごとに対して相談しないといけなくなるという状態になれば組織運営のスピードは遅くなり失敗するだろう。この対策としてはトップのイニシアティブが必要である。トップのイニシアティブは派閥ができるような雰囲気を作らせず，組織や戦略の変更のスピードの加速化に貢献する。したがって，無条件に民主的な組織が企業存立に貢献するものではない。

一方でカリスマ経営者についての「その人物がいなくなれば終わり」という指摘は，トップへの過剰な期待による失敗を示唆するものである。カリスマ経営者の存在する会社では，高度な能力を有する一人の人間がなくなるという仮定が暗黙のうちになされていない傾向にある現状を物語っている。したがって，トップへの過剰な集権や期待もまた企業存立に貢献するものとはいえない。

本ケーススタディにおいては，筆者の想定した革新的事業への固執「企業家の意思」や「従業員の意思」が過剰になってしまってはいけないという仮定も，一面では正しく一面では間違っている。革新的事業への固執がなくなってはその後の技術革新や環境変化のなかでは存立できなくなり，特定の技術開発ばかり行っていても，その他がおろそかになってしまってはやはり存立できなくなる。

本ケーススタディにおける企業存立のための要因としては，まず顧客満足という企業理念を見出すことができる。企業存立の達成のための具体的な中身としては，組織構成員の決定においてやる気のない人物を退職させ，財務関連においては，手形取引をせず，月次決算を算出することがあげられる。一方ではトップのイニシアティブを発揮させ，失敗の経験から学習させることが重要である。

しかし，これ以外にも企業存立の要因が潜在しているように考えられた。中村氏は「企業存立の要件となりうることは考え出せばいくらでも出てくる」ということを説明したが，このことは，普段は意識していないようなこ

とが企業存立の要因となっていることを示唆する。

3.3.5 フィーサ社

フィーサ社は，静電気関連機器，ホットランナ装置，LSR 成形装置，工業用ヒータ，センサ輸入販売，プラズマ表面処理装置といった機器のほとんどを開発から販売まで手がける会社である。とくにプラスチック成形におけるホットランナ成形ノズルに関して，外部駆動装置を必要としない独自のバルブゲートシステムを有し，強い競争力をもっている。フィーサ社のケーススタディで注目すべき最重要項目は，発明に重点を置く経営者斎藤敏男氏の存在と企業存立との関係である。

これまで拙稿（2004a；2005b）などで発明家的な経営者は長続きしないという想定がなされていた。『日経ベンチャー』の「倒産の研究」「破綻の真相」シリーズでは倒産する企業の社長の代表例として「発明に専念してばかりで経営がおろそかになり失敗する」パターンが多くみられた。この一連の失敗事例から，筆者は「企業家の意思」を想定してあらゆる仮説構築をした。フィーサ社の代表取締役社長斎藤敏男氏はまさに発明家の素質をもった経営者である。それでは，同じような発明家タイプの経営者が存在するにもかかわらず，なぜ，多くの会社のような致命的な失敗をせずに，フィーサ社は成功しつづけているのだろうか。このことをふまえて，フィーサ社の概要，突出した技術，組織構造等をみていくこととする。

組織的な面では，いわゆる発明家的な経営者である斎藤敏男氏であったが，自身が技術開発に専念できるように開発・製造・営業といった諸部門の担当をしっかりとさせ，同時に連携して活動させるようにしていた。経営者として最後の意思決定をするのは斎藤敏男氏であるが，決してワンマンにならず，発明者としてカリスマを保っているのは非常に興味深いことである。

販売委託をした商社が類似品を販売するという失敗の経験をいかして，直販体制を築いていったことが強さとなった。この失敗の経験をいかして次に来るものに対応していくのは非常に重要なことであると考えられる。このときに係争を続けていれば，その後のプラゲートシステムの開発がなかったことになる。

一見すれば「倒産する会社によくみられる発明家社長」ととらえかねない特徴がフィーサ社にはあった。しかし，その発明家社長は非常に高度な技術を有し，かつニーズを捉えたものであったため，フィーサ社は存立しているのである。また，中国の廉価な製品の脅威を考えれば，研究開発を続けていく必要性が存在する。このように考えれば，筆者の想定した企業家の意思が存立の障害となるという仮定が支持される余地はない。

フィーサ社においては，研究開発が重要な位置を占めており，そのために企業家である斎藤敏男のイノベーション活動への強い姿勢が見受けられた。斎藤氏が従業員を引っ張っていって競争力をもった技術開発がなされていた。中間マージンのかからない直販体制は，静電気除去器の販売委託の失敗から確立されたものであった。また財務関連ではプラゲートノズルの低価格によって，取引先の倒産でも当期のうちに取り戻すことのできるようになっていた。組織的見地からみると，第一に，連携した経営システムを有しつつ技術開発に力を入れる経営構造であり，第二に極度なワンマンではないが，経営者が革新的事業のイニシアティブを持っていくことが企業存立の要因となっていたことがわかった。

3.4 インタビュー調査からの重要な事実発見

企業家を企業家的側面と経営者的側面とで分けて考えれば，F社，S社の二社は企業家の経営者的側面が強く，日本オートランニングシステム社，ダイナトロン社，フィーサ社の三社は企業家の企業家的側面が強い。しかしながら，これらの会社はいずれも革新的事業，新規事業を展開する必要性に迫られ，企業家的側面が重要な役割を果たしていた[3]。

4社のインタビュー調査によって，企業家の革新的事業への関心，すなわち企業家の意思は企業存立に貢献するものであることがわかった。当初の仮説構築とはまったく逆のことが証明され，ベンチャー企業の存立に関する新しい重要事項として「企業家の意思が企業存立に貢献する」を提示する。

重要事項1：企業家の意思が企業存立に貢献する

　この重要な事実発見以外にも，「下位文化の多様さばかりでは経営が成り立たない」ということが確認され，「曖昧状況が有効性をもつということが必ずしも成立しない」ことも把握できた。インタビュー調査にもとづくケーススタディでもそのことが理解できた。上記の支持された仮説と発見事実を組み合わせれば，「企業家の革新的事業への固執と民主的な組織構成が企業存立に必要な要因である」ということが本書の結論になる。

4　従業員とはなにか

4.1　想定された従業員の意思

　想定の過程においては，企業家の意思は存立に悪影響をもつものとされ，この企業家の意思に対立する概念を従業員の意思とした。第3章において説明したとおり，従業員の意思は従業員による革新的な事業への固執であり，企業家の意思を抑制する力をも持ちあわせるものという規定がなされた。たとえば，企業家が独断により誤った意思決定をしている場合に，検討を促し，事業を成功に導いていく効果があると想定したのであった。

　本研究では倒産していくベンチャー企業がワンマンであったことから，従業員の声を大切にしなければならないという想定があった。画一的な価値で固められない組織の重要性を示したものとして，河野（1993），咲川（1998），横尾（2002）といったように多様な下位組織文化がイノベーションを起こすために重要であるといった指摘がある。ここから，あらゆる考えをもった人材をもっていなければならないし，ある特定の考え方をすべての面で押し付けるようなことがあってはならないと考えていた。一方で筆者は，林・福島（2003）のように，組織内において異質に見える異端児でさえも組織学習のために重要視したほうがよいという枠組みも有していた。

4.2 支持された従業員の意思と民主的な組織

　質問票調査によって明らかなように，従業員の意思は企業存立に貢献するものであったし，企業家に意見をいえるような状況もまたそれに貢献するものであった。これらに関する仮説はすでに支持され，ベンチャー企業の一般的な性質となっていることがわかった。しかしながら係数は低く，ここで得られた知見が普遍的に実践に貢献するものとはいいがたい。

　従業員がどのようにして革新的な事業を継続させていくのかという課題についてはフィーサ社に顕著にみられた。フィーサ社は，いわゆる発明家社長のもとで発展してきた企業である。月刊誌『日経ベンチャー』で連載されている「倒産の研究」「破綻の真相」シリーズで倒産する企業の典型と批判の対象となる発明家社長であるが，現在のフィーサ社のイノベーション活動を力強く牽引してきたのは社長の斎藤氏である。また一方で技術開発の後継者養成として，外部研究機関との連携も行っていた。重要な発見事実は，企業家と同等の能力をもつ従業員がほとんど存在せず，彼らを育成している最中である，ということであった。

4.3 従業員の能力とその育成

　以上のことから，筆者が今まで見落としていた重要で前提的なポイントが明らかになった。それは，先にあげた従業員や各部門の多様性を認めればよいということが成立するには，「<u>従業員や部門単位での組織がマネジメント側と同等の能力を持っている</u>」ということが条件となっている点である。従業員が各々の能力をもって課業を十分にクリアできるからこそ，一方的なトップダウンではなく，従業員側の多様性をみとめることによって経営がよりよい方向に向かう可能性が高まるのである。一方的なトップダウンの組織や画一的組織に対する批判は，知識を有するロアーの人材が，よりよいものを作成しよりよい事業運営に貢献できるからこそ成立するのである。もし従業員が能力をもたず，また経営に関する知識をもっていない場合には，従業員の意見が経営に貢献することはほとんどないであろう。

　従業員の意思が企業存立に対して正の影響をもつとした拙稿（2005a）も

このことにおいて重要である。従業員の意思が強くなる，すなわち従業員が革新的事業に固執するためには，従業員がその革新的事業に関する知識・能力を有していることが前提となる。逆にいえば，従業員が能力を有していない状況では，従業員が革新的事業を志向するまでにいたらず，企業は日常業務を手がけるだけで手一杯なのである。このような状況ではマネジメント側が強いイニシアティブをもって革新的事業を成功させていかなければならない。

一方では，当初想定された過剰なトップダウンによって失敗する状況を回避するため，および次の世代に事業を引き継ぐために企業家は従業員を教育しなければならない。ここでいう教育については，まだ詳細を提示することはできないが，技術の面や経営的な面から従業員の能力を引き上げることをさす。このようにすれば企業存立の可能性が高まるはずである。

独断によって経営が失敗する事例は，「倒産の研究」「破綻の真相」シリーズに頻繁にみられ，そこには従業員が「このままでは倒産する」と認知し，意見をいったときに断られた経緯を有する場合が多い。ここから筆者の「企業家は，企業家の意思を低下させるべき」という想定がなされた。この場合には，従業員がその経営について有能であるという暗黙の前提がある。ダイナトロン社の中村氏のいうように，あらゆる考え方を認めてしまえば，部門間の係争をまねくことにつながり，ベンチャー企業の存立の障害となりうる，という考え方ができる。これを発展させていけば，従業員あるいはあらゆる部門に対する統制には「適度な程度」があって，それを追求すればベンチャー企業の存立に貢献できるものになるはずである。

斎藤（1974）によって似た説明をすれば，「過剰なトップダウン」を否定することができる状況とは，従業員に能力がある場合のみである。インタビュー調査からベンチャー企業においては，従業員が意見をいえるほど能力に長けている状況ではないことが把握できた。したがって，ベンチャー企業においては，経営者自身が経営や革新的技術に対して積極的に知識を得ていく必要があり，一方で従業員を教育していかなくてはならないのである[4]。

4.4 従業員についての基本的な理解

　ベンチャー企業における組織について，筆者の想定していた次元は複雑すぎた。Barnard（1939）の指摘した組織成立の三要件である共通目的，貢献意欲，コミュニケーションのうちコミュニケーションは非常にトップダウン的な性質をもつものである。筆者はこの古典的文献に触れられる内容は経営組織における非常に基礎的あるいは前提的なものであり，現在はこのフレームワークだけではとらえていては，企業存立の要件についてたどりつけないものと考えていた。しかしベンチャー企業の実際の場所においては，まず解決すべき組織的な問題は，こういった基礎的なものであった。

　たとえば従業員の考えのみに任せないようにすると説明した拙稿（2004b）においては，ナット・アイランド下水処理場の汚水流出事件を，Martin & Siehl（1983）の下位文化類型にからめて論及している。この事件は下水処理部門の従業員が独自のルールを定め，マネジメント側が下水処理関連の業務について関心をもたなかったためにおこったものである。この場合，従業員は下水処理技術に関する能力を有していたがマネジメント側が能力を有していなかった，と考えるものではない。根本的な科学知識がゆがめられ，専門家を寄せ付けなかった現場の従業員の行動は自らを愚民化したことに原因がある。能力というインディケータは非常に抽象的なものになってしまうが，従業員が能力を有していなければならないことに変わりはない。

　以上のように，従業員が能力を企業家の程度まで有していることはなく，従業員が技術や，経営の状態を理解させるまでが課題となっていたことがわかった。そのために，企業家がなさなければならないことは教育であると考えられるために，以下に新しい重要事項を提示する。

重要事項2：従業員に対する教育が企業存立に貢献する

　この事項においては，従業員の「能力」というものが非常に曖昧なままになっている。企業の業種によっても必要とされる能力は異なるし，部門によっても大きく異なる。また「教育」といっても，そのような多様な能力の

ひとつをとっても，どのように教育するかがまったく異なる。したがって，本重要事項は「能力」と「教育」との二つの点で具体性を一切伴っていない。しかしながら仮説構築から質問票調査，インタビュー調査までの文脈から，この教育に関することが重要であることは事実である。

4.5　ベンチャー企業とは何か

　ベンチャー企業調査において，特に問題となる事柄である「なにをもってベンチャー企業とするのか」というポイントがある。前回の質問票調査でも，解答用紙の余白に「すでに従業員が〇人もいる当社がベンチャー企業と呼べるかどうかは疑問」といった内容が記載されていたり，「当社は設立から〇年もたっていてベンチャー企業の部類にはいるのでしょうか」といった問い合わせをいただいたりもした。

　S社のK氏からも今回のインタビュー調査の冒頭に当社をベンチャー企業と呼んでよいのかという質問をうけた。このやり取りには非常に示唆に富んだものがあり，今後のすべてのベンチャー企業の研究にとって生じてくる問題であるため提示する。

　革新的な技術を有しながらも，K氏は「S社がベンチャー企業であるということについては疑問がある」と指摘した。このことについてK氏は三点の理由を提示した。第一に，ベンチャー企業には若い企業というイメージがあるため，設立20年弱経過したS社がベンチャー企業の範疇に入るのだろうかという点である。第二に，革新的な技術というが，ベンチャー企業のみならずあらゆる会社がそれぞれの専門分野と情報通信技術などの革新的な技術を有しており，逆に革新的な技術を有しない会社が「存在する」あるいは「存続していく」ことがありうるのだろうか，という点である。第三に，ベンチャー企業は資金不足のため，エンジェルなどから資金を調達し，さらに生存競争を生き残っていくというイメージがあるが，これらのような状況でS社は創業したのではない，という点である。筆者はこれらのことについて，ベンチャー企業の概念自体があいまいである上に，筆者もそれほどベンチャー企業を狭い範囲でとらえていないと回答した。

第一の点について，質問票調査で回収されたサンプルには86年以上経過した企業もあるので，本書では「ベンチャー企業」として理解して展開しても，他の研究ではこの姿勢を疑問視することもありうる。また，第二の点について，たしかにほとんどの会社において最先端の技術がいかされて経営はおこなわれているだろうが，これをもってベンチャーとするのはたしかに問題があるようにとれる。筆者の定義では「革新的な技術を有する」とはその技術が十分に活用されて競争力を持っているような状態を暗黙のうちに含んでいたことがわかった。また第三の点の資金援助の有無については考慮していない。それは資金援助を受けなくても革新的な技術を持ちうる会社はいくらでもあるからである。ベンチャーキャピタルからの立場では重要な問題となるが，本研究はベンチャー企業の経営を中心に展開するために，とくに考慮する必要がなかったためである。これらの三点は「ベンチャー企業」とカテゴライズされた研究においては重要な意味を持っている。

5 ベンチャー企業の存立に関する諸事実

本章においては第2部の仮説検証の総括をおこない，特にインタビュー調査の総括と考察に重点をおいた。質問票調査によって仮説検証をおこない，企業家の意思をめぐる四つの仮説が棄却された。発見事実としても，企業家の意思が非常に多重的な概念であることがわかった。そのため，企業家の意思の具体的な中身を把握することが必要となり，インタビュー調査をおこなった。

ここであらためて質問票調査・インタビュー調査において二つの支持された仮説と二つの重要事項から，次の重要事項があきらかになった。これらをベンチャー企業の存立に関する重要な事実として提示する。

① 企業家の意思が企業存立に貢献する
② 従業員に対する教育が企業存立に貢献する

③ 従業員の意思が強くなるほど企業存立に貢献する
④ 従業員が意見をいえる状況が企業存立に貢献する

上記②の「従業員に対する教育が企業存立に貢献する」に関しては，従業員の何の能力に対するどういった教育なのかといった点で，具体性が一切ない。経営に関すること，技術に関することといった二面からとらえたとしても，経営に関する教育についてはまったく把握できなかった。それは技術の教育は技術のみの教育にとどまらず，あらゆるその他の側面を有しているからである。この事項には，業種や部門によっても状況が異なるということも加わって，非常に抽象度が高く，技術ひとつをとってみても各業種においてその教育方法はさまざまである。具体的な教育や従業員の能力といったことは研究課題とするが，従業員の教育がなされていないと，企業存立に悪影響が生じるのは明白な事実である。

6 むすび

6.1 テーマと重要な事実

本書は，以下の三つの目的のもと展開された。第一に，ベンチャー企業の存立に適している組織体はどのような性質を有するのか，という問題である。第二に，この組織体において，存立に適した性質を獲得または維持，保有するために企業家はなにをすればよいのかという問題である。第三に，以上の二点を含めた組織体は全体としてどのような性質を有するのか，およびそれに付随する諸問題である。

またベンチャー企業存立のための現在の問題に対応するために，次の三つの実践的テーマを提示した。第一にベンチャー企業の存立のための組織的な要因とはなにか，第二に企業家は企業存立のためにどのようにすればよいのか，第三に組織全体としてどのようなものが存立に有効なのかといった事柄をテーマとして展開された。ここではそれぞれのテーマについて，実施され

た調査から，明らかになったことを提示していく。

　研究テーマ，a）「ベンチャー企業の存立のための要因とはなにか」については，「企業家の意思が企業存立に貢献する」，「従業員に対する教育が企業存立に貢献する」「従業員の意思が強くなるほど企業存立に貢献する」，「従業員が意見をいえる状況が企業存立に貢献する」，という四つの事実から示される。すなわち，企業存立のための要因とは，① 企業家が革新的事業に強い関心を抱くこと，② 従業員がよく教育されていること，③ 従業員がイノベーション活動を活発におこなうこと，④ 従業員が活発に意見をいえるようになっていること，といった事柄である。特に，企業家の革新的事業への志向性である企業家の意思は企業存立に欠かせないものである。

　テーマ b）「企業家は企業存立のためにどのようにすればよいのか」については，先に提示した重複する箇所があるが，第一に企業家の意思を維持することと，第二に従業員の教育をおこなうこととの二点が明らかになった。

　中心的キーワードとして提示した企業家の意思は，革新的な新規事業にのりだす要因となり，企業全体を存立させるための重要な要因であった。ベンチャー企業には，急激に変化していく環境と陳腐化していく既存の事業という二つの背景が存在していた。もし企業家の意思が弱ければ，陳腐化していく既存事業を継続することにつながり，環境変化に対応することができず，企業は停滞するかあるいは倒産することにつながり存立しえなくなる。このような事態をさけるために，企業家の意思を維持すること，すなわち，企業家は革新的事業に関心を抱き続け，イニシアティブをとっていかなければならないという点をあげることができる。もしこれを怠ればその企業は外部環境の変化によって倒産してしまう可能性が高まる。

　企業存立のために企業家に必要とされる行動の第二の点は従業員に対する教育である。従業員の能力を高めることが，ワンマンによる失敗を防止する民主的な組織による存立を可能にし，また画期的なイノベーションの可能性を高めることができる。ここに提示された能力や教育が具体的に技術的なものなのか，経営的なものなのかは明らかにならなかったが，以上のことから従業員に対する教育の重要性を把握することができる。

テーマ c)「組織全体としてどのようなものが存立に有効なのか」について，ベンチャー企業において組織全体で存立に適したものとは，「従業員が意見をいえる状況が企業存立に貢献する」で明らかなように民主的な状況を有する組織である。しかしながら，ただ民主的な組織がよいというのではなく，あくまで従業員の能力が企業家と同じ程度であることが条件となる。また質問票調査の発見事実「ベンチャー企業では派閥ができにくい」ことから明らかなように，一枚岩の状態で存立していく形式が，ベンチャー企業の存立のパターンなのである。

以上のことから，ベンチャー企業の存立に有効な組織とは，革新的事業に関心を抱き続ける企業家と能力を有した従業員が存在しており，なおかつ民主的な状況がある組織ということになる。

6.2 実践的インプリケーションと研究課題

ベンチャー企業の企業家が自らの事業を維持存続させていくことを望む場合，ここで示されたことは有効である。ベンチャー企業という事柄に限定しなくても，企業家が革新的事業への固執をもちつつ民主的な状況をもつという事柄は非常に有効なはずである。しかしながら，より実践に貢献するものにするためには，この具体的内容を探らなければならない。最後に本書では解決できなかった問題を提示して結ぶことにする。

第一に，ベンチャー企業とはなにかという問題がある。これまで標本抽出台帳に頼った本書では，先に提示したS氏の ① ベンチャー企業は設立何年までか，② なにをもってベンチャー企業の特徴である「革新的な技術」というのか，③ 資金調達源は特定しなくていいのか，といった三点の指摘に答えることができない。以上三点の指摘は非常に重要であるにもかかわらず，統一したベンチャー企業概念が存在しない限りベンチャー企業の用語使用の誤解は解決しない。本書においても，その研究対象としてのベンチャー企業の具体的な区分が設定されていない。基本的には，ハイテクの要素を有している企業が調査対象の中心となっていた。技術以外の側面からも，ベンチャー企業を区分することができ，結論が異なることにつながる。しかし，

研究の開始段階として，本書の対象はこのような大枠の区分によってのみその調査対象を規定することとした。本書のような企業存立をテーマとしたものに限らず，すべてのベンチャー企業の研究は，もう一度これらの点を見直したほうがよいだろう。

　第二に，従業員の教育とはどのようなものかという点である。本書では，民主的な組織の条件をなすものとして，従業員の能力および教育をあげた。この能力や教育の中身は技術的なものか経営的なことかが不明瞭である。インタビュー調査から，現実にベンチャー企業においては教育が重要視されており，従業員の能力を上げることが必要であったことが把握できた。これらのことは重なり合っていると考えられた。同時に教育における技術や経営といった側面からの分析は手付かずのままであった。業種によっても必要とされる能力はことなるし，企業内でも各部門に必要とされる能力はことなるはずである。同様に教育の方法もまったく異なるはずである。

　第三に，本書で触れられたもの以外の要因についてである。企業家の意思というひとつの組織現象の側面からみてみたが，この視点だけでは，組織における問題を完全に解決したことにはならない。組織にはもっと複雑で解明困難な現象が存在する。今後，本書で見ることのできなかったその他の要因を見ていくことが必要である。

　第四に調査上の問題である。質問票や標本抽出台帳については以上の三点と絡むような疑問がある。質問設定や，リカート尺度の恣意性の問題や，調査対象の問題もある。このため，ほかの要因を探ることも重要でありながら検証作業としての再検証も必要となりうる。社会科学的な研究のすべてにおいていえることかもしれないが，標本を増やし再検討することが問題となる。標本を増やしていく過程で，存続のための要件が別の角度から明らかになる可能性もある。組織論的なものに限定せず，あらゆる可能性を考えてこの要因を追究したほうがよい。別の変数が存続の可能性をより左右するかもしれないし，前提条件が変数を左右するのかもしれない。

　ベンチャー企業の存立について展開されてきた本書の知見は実践において非常に重要である。当然ながら実践には，先述の研究課題を念頭に置く必

要がある。研究においては，本書は経営学におけるベンチャー企業，企業成長，組織文化といったジャンルに新たな視点を提供できた。一社でも多くのベンチャー企業が存立していくことを願いつつ，むすぶことにする。

注
1) S社は匿名を条件にインタビュー調査に応じた。したがって，本書はS社のホームページなども参考にしているが，URL表示はできない。
2) 横尾（2005）では，イノベーションのための文化の枠組みについて非常に重要な点を提示している。
3) 企業家的側面と経営者的側面は，相反する部分と重複する部分とがある。革新的な事業を追及することによって，開発コストがかかりすぎて逼迫するなら二つの側面は相反し，革新的事業を展開し競争力を有するなら重複する。しかし，ベンチャー企業にとって企業家的側面は非常に重要とされる。たとえばホンダでは本田宗一郎が企業家的側面を有し，藤沢武夫が経営者的側面を有し，両輪となって経営していた。二つの側面のうち片方が欠けても，現在のまでのホンダの発展は存在しないと考えられる。
4) ここでは，「従業員が意見をいえるほど能力に長けている状況ではない」といったようにもとれる文脈は，従業員が無能であるというような意味ではない。各ベンチャー企業が有する他社では真似のできないような革新的で複雑な事業が存在するから，それには莫大な知識が必要とされ，習得に時間がかかってしまうということである。

参考文献

Abernathy, W. J. (1978) *The Productivity Dilemma: Roadblock to Innovation in the Automobile Industry*, The Johns Hopkins University Press.

Adizes, I. (1988) *Corporate Lifecycles: How and Why Corporations Grow and Die and What to Do about It*, Prentice Hall.

秋山貞登 (1985)「創造的な活動のための組織」『組織科学』第19巻, 第1号, 2-10頁.

Albach, H. (1989) "Führungsdistanz und Optimale Unternehmensfürung," in: *Zeitschrift für Betribswirtschaft*, Vol.59, No.11, pp.1219-1228.

Allaire, Y., and E. Firsirotu (1984) "Theories of Organizational Culture," in: *Organization Studies*, Vol.5, No.3, pp.193-226.

Alvesson, M. (1993) "Organizations as Rhetoric: Knowledge-Intensive Firms and the Struggle with Ambiguity," in: *Journal of Management Studies*, Vol.30, No.6, pp.997-1015.

Alvesson, M. (2000) "Social Identity and the Problem of Loyalty in Knowledge-Intensive Firm," in: *Journal of Management Studies*, Vol.37, No.8, pp.1101-1123.

Alvesson, M. (2001) "Knowledge Work: Ambiguity, Image and Identity," in: *Human Relations*, Vol.54, No.7, pp.863-886.

Amit, R. (1993) "Challenges to Theory Development in Entrepreneurship Research," in: *Journal of Management Studies*, Vol.30, No.5, pp.815-834.

Ansoff, H. I. (1979) *Strategic Management*, The Macmillan Press.

青島矢一 (2002)「『ものづくり』プロセスとしてのイノベーション：既存研究の全体像」野中郁次郎編『イノベーションとベンチャー企業』八千代出版, 1-41頁.

Argyris, C. (1958) "Some Problems in Conceptualizing Organizational Climate: A Case Study of a Bank," in: *Administrative Science Quarterly*, Vol.2, No.4, pp.501-520.

Barnard, C. I. (1938) *The Functions of the Executive*, Harvard University Press (山本安次郎訳 (1968)『新訳 経営者の役割』ダイヤモンド社).

Bardmann, T. M., und R. Franzp tter (1990) "Unternehmenskultur. Ein Postmodernes Organisationskonzept?" in: *Soziale Welt*, No.4, pp.424-440.

Baskerville, R. F. (2003) "Hofstede Never Studied Culture," in: *Accounting, Organizations and Society*, Vol.28, No.1, pp.1-14.

Baskerville-Morley, R. F. (2005) "A Research note: the Unfinished Business of Culture," in: *Accounting, Organizations and Society*, Vol.30, No.4, pp.389-391.

Bjokman, I. (1989) "Factors Influencing Processes of Radical Change in Organizational Belief Systems," in: *Scandinavian Journal of Management*, Vol.15, No.1, pp.251-271.

Burke, W. W., and W. Trahant (2000) *Business Climate Shifts*, Butterworth-Heinemann (プライスウォーターハウスクーパースコンサルタント株式会社戦略コンサルティング・サービス事業部訳 (2002)『組織イノベーションの原理』ダイヤモンド社).

Burns, T. M., and G. M. Stalker (1961) *The Management of Innovation*, Tatvistock.

Cameron, K. S., and D. A. Whetten (1988) "Models of the Organization Life Cycle: Applications to Higher Education," in: *Readings in Organizational Decline*, Ballinger, pp.45-61.

Carlisle, Y., and C. Baden-Fuller (2004) "Re-Applying Beliefs: An Analysis of Change in the Oil Industry," in: *Organization Studies*, Vol.25, No.6, pp.987-1019.
Carrithers, M. (1990) "Why Humans Have Cultures," in: *Man*, Vol.25, No.2, pp.189-206.
Casson, M. (2003) "Entrepreneurship, Business Culture and the Theory of the Firm," in: Acs, Z. J., and D. B. Audretsch (Eds.) *Handbook of Entrepreneurship Research*, Kluwer Academic, pp.223-246.
築達延征 (2004)「コーポレート・カルチャズム，比較文化，組織の文化的分析，そして批判理論・ポストモダニズム――文化と組織に関する系譜学による方法論的限界と可能性の探求――」『2004年度組織学会研究発表大会報告要旨集』組織学会，265-268頁．
Christensen, C. M. (1997) *The Innovator's Dilemma*, Harvard Business School Press（玉田俊平太監修，伊豆原弓訳（2001）『イノベーションのジレンマ』翔泳社）．
中小企業庁 (2003)『中小企業白書2003年度版』ぎょうせい．
中小企業庁 (2004)『中小企業白書2004年度版』ぎょうせい．
Clarke, M. (1974) "On the Concept of 'Sub-Culture'," in: *British Journal of Sociology*, Vol.25, pp.428-441.
Clement, R. W. (1994) "Culture, Leadership, and Power: The Keys to Organizational Change," in: *Business Horizons*, Vol.37, No.1, pp.33-39.
Collins, J. C., and J. I. Porras (1994) *Built to Last: Successful Habits of Visionary Companies*, Harper Business（山岡洋一訳（1995）『ビジョナリーカンパニー』日経BP出版センター）．
Davis, S. M. (1984) *Managing Corporate Culture*, Harper and Row（河野豊弘・浜田幸雄訳（1985）『企業文化の変革――「社風」をどう管理するか』ダイヤモンド社）．
Davis, S. M., and P. R. Lawrence (1977) *Matrix*, Addison Wesley.
Deal, T. E., and A. A. Kennedy (1982) *Corporate Culture*, Addison-Wesley（城山三郎訳（1983)『シンボリック・マネジャー』新潮社）．
De Geus, A. (1997) *The Living Company*, Harvard Business School Press（堀出一郎訳（1997）『リビングカンパニー』日本経済新聞社；堀出一郎訳（2002）『企業生命力』日本経済新聞社）．
出口将人 (2004a)『組織文化のマネジメント』白桃書房．
出口将人 (2004b)「組織文化にかんする根本的問題」名古屋市立経済学会編『オイコノミカ』第40号，第3・4号，pp.43-60．
Denton, D. K., and B. L. Wisdom (1989) "Shared Vision," in: *Business Horizons*, Vol.32 No.4, pp.67-69.
Dollinger, M. J. (2003) *Entrepreneurship: Strategies and Resources*, Prentice Hall.
Dodd, S. D. (2002) "A Grounded Cultural Model of us Entrepreneurship," in: *Journal of Business Venturing*, Vol.17, No.5, pp.519-535.
Dörler, K. (1985) "Macht in Unternehmungen," in: *Zeitschrift Fürung + Organisation*, No.1, pp.52-56.
Drucker, P. F. (1985) *Innovation and Entrepreneurship*, Butterworth-Heinemann（上田惇生訳（1997）『イノベーションと起業家精神』（上・下）ダイヤモンド社）．
Duncan, W. J., and J. P. Feisal (1989) "No Laughing Matter: Patterns of Humor in the Workplace," in: *Organizational Dynamics*, Vol.17, pp.18-30.
江波戸哲夫 (2002)『成果主義を超える』文芸春秋．
遠田雄志 (1988)「ファジィか，アンビギュイティか？それがあいまいだ」法政大学経営学会『経営志林』第25巻，第3号，61-75頁．
遠田雄志 (1990)『あいまい経営学』日刊工業新聞社．

Evan, W. M. (1968) "A System Model of Organizational Climate," in: Tagiuri, R., and G. H. Litwin (Eds), *Organizational Climate: Exploration of a Concept*, Harvard University Press, pp.107-124.

Fayol, H. (1916) *Administration Industrielle et Générale*, Bordas (山本安次郎訳 (1979)『産業ならびに一般の管理』ダイヤモンド社).

Feldman, M. S. (1991) "The Meaning of Ambiguity: Learning from Stories and Metaphors," in: Frost, P. J., Moore, L. F., Louis, M. R., Lundberg, C. C., and J. Martin (Eds.) *Reframing Organizational Culture*, Sage, pp.145-156.

Fiet, J. O. (2001) "The Theoretical Side of Teaching Entrepreneurship," in: *Journal of Business Venturing*, Vol. 16, No. 1, pp.1-24.

Finkelstein, S. (2003) *Why Smart Executives Fail*, Portfolio (橋口寛監訳・酒井泰介訳 (2004)『名経営者がなぜ失敗するのか?』日経 BP 社).

Flamholtz, E. G. (1986) *How to Make the Transition from an Entrepreneurship to a Professionally Managed Firm*, Jossey-Bass.

Flamholtz, E. G., and Y. Randle (2000) *Growing Pains: Transitioning from an Entrepreneurship to a Professionally Managed Firm New and Revised*, Forth Edition, Jossey-Bass (加藤隆哉監訳 (2001)『アントレプレナーマネジメントブック』ダイヤモンド社).

Foster, M. J., and A. L. Minkes (1999) "East and West: Business Culture as Divergence and Convergence," in: *Journal of General Management*, Vol.25, No.1, pp. 60-71.

藤田誠 (1990)「組織風土・文化と組織コミットメント」『組織科学』第 25 巻, 第 1 号, 78-92 頁.

福田昌義 (2000)「ベンチャー企業の成長とビジネス・リスク」福田昌義編・笠原英一・寺石正英『ベンチャー創造のダイナミクス』文眞堂, 55-68 頁.

Gartner, W. B. (1985) "A Conceptual Framework for Describing the Phenomenon of New Ventures Creation," in: *Academy of Management Review*, Vol.10, No.4, pp.696-706.

Gersick, C. J. G. (1994) "Pacing Strategic Change: The Case of a New Venture," in: *Academy of Management Journal*, Vol.37, No.1, pp.9-45.

Ghobadian, A., and N. O' Regan (2002) "The Link Between Culture, Strategy and Performance in Manufacturing SMEs," in: *Journal of General Management*, Vol.28, No.1, pp.16-35.

Gibson, G. B., and M. E. Zellmer-Bruhn (2001) "Metaphors and Meaning: An Intercultural Analysis of the Concept of Teamwork," in: *Administrative Science Quarterly*, Vol.46, No.2, pp.274-303.

Goffee, R., and G. Jones (1988) "What Holds the Modern Company Together?" in: *Harvard Business Review on Managing People*, Harvard Business School Press, pp.1-44.

Gordon, M. M. (1947) "The Concept of the Sub-Culture and its Application," in: *Social Forces*, pp.40-42.

後藤幸男・西村慶一・植藤正志・狩俣正雄 (1999)『ベンチャー企業の戦略行動』中央経済社.

Granick, D. (1962) *Der Europaische Manager: Ein Blick Hinter die Kulissen der Europaischen Wirtschaftspraxis*, Econ Verlag.

Greiner, L. E. (1972) "Evolution and Revolution as Organizations Grow," in: *Harvard Business Review*, Vol.50, No.4, Harvard Business School Press, Boston, pp.37-46.

Gupta, V., MacMillan, I. C., and G. Surie (2004) "Entrepreneurial Leadership: Developing and Measuring a Cross-Cultural Construct," in: *Journal of Business Venturing*, Vol.19, No.2, pp.241-260.

Hancock, P. (1999) "Baudrillard and the Metaphysics of Motivation: A Reappraisal of Corporate

Culturalism in the Light of the Work and Ideas of Jean Baudrillard," in: *Journal of Management Studies*, Vol.36, No.2, pp.155-175.
Harloff, H. J. (1971) "Kulturelle Hemmnisse Wirtschaftlicher Entwicklung," in: *Schmollers Jahrbuch für Wirtschafts und Sozialwissenschaften*, pp.257-268.
Harmon, F. G., and G. Jacobs (1985) *The Vital Difference*, Amacom.
Hatch, M. J. (1997) *Organization Theory: Modern, Symbolic, and Postmodern Perspectives*, Oxford University Press.
林吉郎・福島由美 (2003)『異端パワー「個の市場価値」を活かす組織革新』日本経済新聞社。
Heath, C., and A. Tversky (1991) "Preference and Belief: Ambiguity and Competence in Choice under Uncertainty," in: *Journal of Risk and Uncertainty*, Vol.4, pp.5-28.
Heinen, E. (1997) "Unternehmenskultur als Gegenstand der Betriebswirtschaftslehre," in: E. Heinen und M. Fank (Eds.) *Unternehmenskultur*, Oldenbourg Verlag, pp.1-48.
平池久義 (1986a)「ベンチャー・ビジネスにおける経営者・経営理念・組織（Ⅰ）」九州産業大学『商経論叢』第27巻，第1号，69-104頁。
平池久義 (1986b)「ベンチャー・ビジネスにおける経営者・経営理念・組織（Ⅱ）」九州産業大学『商経論叢』第27巻，第2号，91-133頁。
Hisrich, R. D., and M. P. Peters (1998) *Entrepreneurship*, Forth Edition, Richard D. Irwin, p.9.
Hofstede, G. H. (1980) *Culture's Consequences, Sage* （萬成博・安藤文四郎監訳 (1984)『経営文化の国際比較』産業能率大学出版部).
Hofstede, G. H. (2001) *Culture's Consequences*, Second Edition, Sage.
Hofstede, G. H. (2003) "What is Culture? A Reply to Baskerville" in: *Accounting, Organizations and Society*, Vol.28, No.7-8, pp.811-813.
Homans, G. (1951) *The Human Group*, Harcourt Brace Jovanovich （馬場明男・早川浩一共訳 (1959)『ヒューマン・グループ』誠信書房).
Hood, J. N. (1993) "Entrepreneurship's Requisite areas of Development: A Survey of Top Executives in Successful Entrepreneurial Firms," in: *Journal of Business Venturing*, Vol.8, No.2, pp.115-135.
Hosmer, L. T. (1994) "Strategic Planning as if Ethics Mattered," in: *Strategic Management Journal*, Vol.15, pp.17-34.
星野敏・田村真里子 (1996)「日本型起業家支援システムの構築と多様化する起業家」松田修一編『起業家の輩出』日本経済新聞社，176-216頁。
Hutton, G. (1969) *Thinking about Organization*, Harper and Row.
飯田史彦 (1991)「企業文化論の史的研究（Ⅰ）」福島大学『経営論集』第60巻，第1号，19-51頁。
飯田史彦 (1995)「研究ノート」梅澤正，上野征洋編『企業文化論を学ぶ人のために』世界思想社。
井出耕也 (1999)『ホンダ伝』ワック。
池田央 (1980)『調査と測定』新曜社。
井上善海 (2002)『ベンチャー企業の成長と戦略』中央経済社。
伊丹敬之・加護野忠男・宮本又郎・米倉誠一郎編 (1998)『ケースブック　日本企業の経営行動4　企業家の群像と時代の息吹き』有斐閣。
Jacobs, R. C., and D. T. Campbell (1961) "The Perpetuation of an Arbitrary Tradition through Several Generations of a Laboratory Microculture," in: *Journal of Abnormal and Social Psychology*, Vol.62, No.3, pp.649-658.

Jaensch, G. (1989) "Unternehmensfürung in den USA aus deutscher Sicht," in: *Die Betriebswirtschaft*, Vol.49, No.11, pp.275-286.

Jaques, E. (1951) *The Changing Culture of a Factory*, Routlidge and Kegan Paul.

Jaques, E. (1956) *The Measurement of Responsibility*, Tavistock.

加護野忠男（1985）「創造的組織の条件」『組織科学』第19巻，第1号，11-19頁。

加護野忠男（1988）『組織認識論』千倉書房。

加護野忠男（1997）「日本企業における組織文化と価値の共有について」組織学会編『組織科学』第31巻，第2号，4-11頁。

柿崎洋一（1998）「ベンチャー企業の行動原理」小椋康宏・柿崎洋一『企業論』164-186頁。

金井一頼（2002a）「ベンチャー企業とは」金井一頼・角田隆太郎編『ベンチャー企業経営論』有斐閣，2-26頁。

金井一頼（2002b）「起業のプロセスと成長戦略」金井一頼・角田隆太郎編『ベンチャー企業経営論』有斐閣，59-87頁。

Kanter, R. M. (2001) *Evolve! Succeeding in the Digital Culture of Tomorrow*, Harvard Business School Press（櫻井祐子訳（2001）『企業文化のe改革』翔泳社）．

関東学院大学経済研究所調査研究班（1956）「わが国中小企業存立の基盤」『經濟系』第27輯，關東學院大學經濟學研究所，30-33頁。

Kahle, E. (1988) "Unternehmensfürung und Unternehmenskulture," in: *Zeitschrift für Betribswirtschaft*, Vol.58, No.11, pp.1228-1241.

唐津一（1998）「日本経済の底力は『世界第一級の技術力』にあり」『THE21』1998年5月号，PHP研究所，82-85頁。

唐津一（1999）「技術の原点は『現場のこだわり』」日本経済新聞社『日経ベンチャー』1999年10月号30-31頁。

唐津一（2000）「商売繁盛の要諦は『現場現物主義』にあり」『THE21』2000年6月号，PHP研究所，34-37頁。

笠原英一（2000）「中小・中堅企業の持続的企業成長のメカニズム」福田昌義編・笠原英一・寺石正英『ベンチャー創造のダイナミクス』文眞堂，69-116頁。

加藤廣（1981）「ベンチャービジネス再興論—その日本的存立要件」『月刊中小企業』第33巻，第7号，ダイヤモンド社，16-19頁。

Katz, R., and T. J. Allen (1982) "Investigating the Not Invented Here (NIH) Syndrome: A Look at the Performance, Tenure, and Communication Pattern of 50 R&D Project Groups," in: *R&D Management*, Vol.12, No.1, pp.7-19.

清成忠男（1984）「ベンチャー・ビジネス—その日米比較」組織学会編『組織科学』第17巻，第4号，32-41頁。

清成忠男（1996）『ベンチャー・中小企業　優位の時代』東洋経済新報社。

清成忠男（1998）「編訳者による解説」J. A. Schumpeter著，清成忠男編訳『企業家とは何か』東洋経済新報社，149-193頁。

Koberg, C. S. (1996) "Facilitators of Organizational Innovation: The Role of Life-Cycle Stage," in: *Journal of Business Venturing*, Vol.11, No.2, pp.133-149.

Kolde, E. J. (1974) *The Multinational Company*, Heath and Company.

小宮山琢二（1941）『日本中小工業研究』中央公論社。

河野豊弘（1988）『変革の企業文化』講談社。

河野豊弘（1993）「全社の企業文化と部門文化」組織学会編『組織科学』第27巻，第2号，48-60頁。

Kono, T., and S. R. Clegg (1998) *Transformations of Corporate Culture*, Walter de Gunter (吉村典久・北居明・出口将人・松岡久美訳 (1999)『経営戦略と企業文化』白桃書房).

Kotter, J. P. (1996) "Leading Change: Why Transformation Efforts Fail," in: *Harvard Business Review on Change*, Harvard Business School Press, pp.1-20.

Kotter, J. P. (1999) *Leading Change*, Harvard Business School Press (梅津祐良訳 (2002)『企業変革力』日本経済新聞社).

Kotter J. P., and J. L. Heskett (1992) *Corporate Culture and Performance*, The Free Press.

久保憲二 (2002)「会社設立と起業の実践」金井一頼・角田隆太郎編『ベンチャー企業経営論』有斐閣, 245-273頁.

Kunda, G. (1992) *Engineering Culture*, Temple University.

Küpper, H. U. (1988) "Verantwortung in der Wirtschaftswissenschaft," in: *Zeitschrift für Betriebswirtschaftliche Forschung*, Vol.40, No.4, pp.318-339.

Kuratko, D. F., and R. M. Hodgetts (2000) *Entrepreneur: A Contemporary Approach*, Forth Edition, Dryden Press.

黒松巌 (1952)「工業の経営形態と存立形態」『經濟學論叢』第4巻, 第2号, 同志社大學經濟學會, 1-25頁.

Landes, D. S. (1949) "A Note on Cultural Factors in Entrepreneurship," in: *Explorations in Entrepreneurial History*, Ams Press, pp.8-9.

Lant T. K., and S. J. Mezias (1990) "Managing Discontinuous Change: A Simulation Study of Organizational Learning and Entrepreneurship," in: *Strategic Management Journal*, Vol.11, pp.147-179.

Levy, P. F. (1999) "The Nut Island Effect," in: *Harvard Business Review on Culture and Change*, Harvard Business School Press, pp.1-20.

Lippitt, G. L., and W. H. Schmidt (1967) "Crises in a Developing Organization," in: *Harvard Business Review*, Vol.45, No.6, pp.102-112.

Lippitt, G. L. (1969) *Organization Renewal: Achieving Viability in a Changing World*, Meredith Corporation.

Longenecker, J. G. (1969) *Principles of Management and Organizational Behavior*, Bell and Howell.

Lorsh, J. W. (1986) "Managing Culture: The Invisible Barrier to Strategic Change," in: *California Management Journal*, Vol.28, No.3, pp.71-87.

March, J. G. and J. P. Olsen (1976) *Ambiguity and Choice in Organizations*, Universitetsforlaget (遠田雄志・A．ユング訳 (1986)『組織におけるあいまいさと決定』有斐閣).

March, J. G., and H. A. Simon (1958) *Organizations*, John Wiley and Sons (土屋守章訳 (1977)『オーガニゼーションズ』ダイヤモンド社).

Martin, J. (2002) *Organizational Culture*, Sage.

Martin, J., and C. Siehl (1983) "Organizational Culture and Counter Culture: An Uneasy Symbiosis," in: *Organizational Dynamics*, Vol.12, No.2, pp.52-64.

増田真也・坂上貴之・広田すみれ (2002)「選択の機会が曖昧性忌避に与える影響」『心理学研究』第73巻, 第1号, 34-41頁.

松井道夫 (2001)『おやんなさいよでもつまんないよ』日本短波放送.

松田修一監修, 早稲田大学アントレプレヌール研究会編 (1994)『ベンチャー企業の経営と支援』日本経済新聞社.

松田修一 (1996a)「日本型起業家支援システムの構築に向けて」松田修一・大江建編『起業家の輩

出』日本経済新聞社, 11-18 頁。
松田修一 (1996b)「独立起業家の排出と支援システム」松田修一・大江建編『起業家の輩出』日本経済新聞社, 85-128 頁。
松田修一 (1998)『ベンチャー企業』日本経済新聞社。
松行康夫・北原貞輔 (1997)『経営思想の発展』勁草書房。
McDougall, P. P., and B. M. Oviatt (2000) "International Entrepreneurship: The Intersection of Two Research Paths," in: *Academy of Management Journal*, Vol. 43, No. 5, pp.902-906.
McGrath, R. G., and I. MacMillan (2000) *The Entrepreneurial Mindset*, Harvard University Press.
Meek, L. (1988) "Organizational Culture: Origins and Weaknesses," in: *Organization Studies*, Vol.9, No.4, pp.453-473.
宮川雅巳 (1997)『グラフィカルモデリング』朝倉書店。
港徹雄 (2003)「ベンチャーの事業特性と集積・連携行動」『商工金融』第 53 巻, 第 7 号, 財団法人商工総合研究所, 5-24 頁。
水野博之監修・ハンドブック編集委員会編 (1998)『ベンチャーハンドブック』日刊工業新聞社。
本谷るり (2000)「ベンチャー企業の初期成長段階における戦略と組織文化の形成」『大分大學經濟論集』大分大学経済学会, 63-83 頁。
Mukerji, C., and M. Schudson (1986) "Popular Culture," in: *Annual Review Sociology*, Vol.12, pp.47-66.
Muller, S. L., and A. S. Thomas (2001) "Culture and Entrepreneurship Potential: A Nine Country Study of Locus of Control and Innovativeness," *Journal of Business Venturing*, Vol.16, No.1, pp.51-75.
中村久人 (2003)『若き企業家の伝説』東洋大学経営学部。
中村秀一郎 (1985)『挑戦する中小企業』岩波書店。
中村秀一郎 (1992)『21 世紀型中小企業』岩波書店。
中内清人 (1977)「中小企業の『存立条件』について」『立教経済学研究』第 31 巻, 第 2 号, 立教大学経済学研究会, 29-69 頁。
名東孝二編 (1979)『企業文化論の提唱』新評社。
日本経済新聞社・日経産業消費研究所 (2004)『日経ベンチャー企業年鑑 2004』日本経済新聞社。
西田稔 (2002)「イノベーション・システムと起業家教育」土井教之・西田稔編『ベンチャービジネスと起業家教育』御茶の水書房, 13-44 頁。
野中郁次郎 (2002)『イノベーションとベンチャー企業』八千代出版。
小原重信・新井潔 (2004)「複雑系プロジェクトの失敗における評価不確定性と組織開発強化」組織学会編『組織科学』第 38 巻, 第 2 号, 40-50 頁。
小椋康宏 (1998)「ベンチャー企業の財務原理」小椋康宏・柿崎洋一『企業論』学文社, 164-205 頁。
小椋康宏 (2005)「日本のベンチャー・キャピタルの投資行動基準」東洋大学現代社会総合研究所編『現代社会研究』第 2 号, 13-20 頁。
岡村公司・五十嵐伸吾 (1994)「ベンチャーを取り巻く風土の変化」松田修一監修・早稲田大学アントレプレヌール研究会編『ベンチャー企業の経営と支援』日本経済新聞社, 321-352 頁。
奥村昭博 (1984)「ベンチャー企業の組織成長」組織学会編『組織科学』第 17 巻, 第 4 号, 51-62 頁。
小野瀬拡 (2004a)「ベンチャー企業の発展における企業家の意思」日本経営教育学会編『経営教育研究』第 7 巻, 学文社, 97-114 頁。
小野瀬拡 (2004b)「ベンチャー企業の組織文化を考察する意義」日本ベンチャー学会編『ベン

チャーズ・レビュー』第5巻,日本ベンチャー学会, 113-116頁。
小野瀬拡(2004c)「組織における下位文化の一考察―ナット・アイランド効果を中心として―」
　　『大学院紀要』第40集, 東洋大学大学院, 299-316頁。
小野瀬拡(2004d)「知識集約的企業の企業文化―文化的曖昧性の視点―」『2004年度組織学会研究
　　発表大会報告要旨集』組織学会, 85-88頁。
小野瀬拡(2005a)「ベンチャー企業における従業員の意思」日本経営学会編『日本経営学会誌』第
　　14号, 千倉書房, 17-28頁。
小野瀬拡(2005b)「ベンチャー企業の存続に関する研究―質問票調査をもとに―」『大学院紀要』
　　第41集, 東洋大学大学院, 315-334頁。
小野瀬拡(2005c)「ベンチャー企業のイノベーションの創始に関する研究」『経営力創成研究』創
　　刊号, 東洋大学経営力創成研究センター, 133-145頁。
小野瀬拡(2005d)「ベンチャー企業における企業理念の浸透」日本ベンチャー学会編『ベンチャー
　　ズ・レビュー』第6号, 79-82頁。
小野瀬拡(2006)「ベンチャー企業の存立のための企業家の意思」『大学院紀要』第42集, 東洋大
　　学大学院, 299-316頁。
O'Reilly, C. (1989) "Corporations, Culture, and Commitment: Motivation and Social Control in
　　Organizations," in: *California Management Review*, Vol.31, No.4, pp.9-25.
Orgland, M., and G. V. Krogh (1998) "Initiating, Managing and Sustaining Corporate Transformation:
　　A Case Study," in: *European Management Journal*, Vol.16, No.1, pp.33-51.
大江建(1998)『なぜ新規事業は成功しないのか』日本経済新聞社。
太田肇(2001)『ベンチャー企業の「仕事」』中央公論新社。
Ouchi, W. G. (1982) Theory Z, Avon (徳山二郎監訳(1982)『セオリーZ』ソニー出版)。
Pascale, R. T., and A. G. Athos (1981) *The Art of Japanese Management*, Simon and Schuster.
Patton, M. Q. (1985) *Culture and Evaluation*, Jossey-Bass.
Peters, T. J., and R. H. Waterman, Jr. (1982) *In Search of Excellence*, Harper and Row (大前研一訳
　　(1983)『エクセレント・カンパニー』講談社)。
Pfiffner, J. M., and F. P. Sherwood (1960) *Administrative Organization*, Prentice-Hall.
Pottruck D. S., and T. Pearce (2000) *Clicks and Mortar*, Jossey-Bass (坂和敏訳(2000)『クリッ
　　ク・モルタル』翔泳社)。
Quinn, R. E., and K. Cameron (1983) "Organizational Life Cycles and Shifting Criteria of
　　Effectiveness: Some Preliminary Evidence," in: *Management Science*, Vol. 29, No. 1, pp33-51.
Reson, J. (1997) *Managing the Risks of Organizational Accidents*, Ashgate.
Robbins, S. P. (2000) *Essentials of Organizational Behavior*, Sixth Edition, Prentice-Hall.
Roberts, E. B., and H. A. Wainer (1971) "Some Characteristics of Technical Entrepreneurs," in: *IEEE
　　Transactions on Engineering Management*, Vol.18, No.4, pp.100-110.
Robertson, M., and J. Swan (2003) "'Control-What Control?' Culture and Ambiguity within a
　　Knowledge Intensive Firm," in: *Journal of Management Studies*, Vol.40, No.4, pp.831-858.
Roy, R. (1977) *The Cultures of Management*, Johns Hopkins University Press.
斎藤弘行(1974)「トップ・マネジャーの性格」『経営研究』第3号, 東洋大学経営学会, 1-16
　　頁。
斎藤弘行(1986a)「企業文化と経営経済学」『大学院紀要』第23集, 東洋大学大学院, 1-23頁。
斎藤弘行(1986b)「経営組織文化の特色づけ」『経営論集』第26号, 東洋大学経営学部, 69-89
　　頁。
斎藤弘行(1989)『経営組織論　文化性の視点から』中央経済社。

斎藤弘行(1995)「企業文化研究の方向づけ」『大学院紀要』第32集,東洋大学大学院,55-78頁.
斎藤弘行(1997a)「ビジネスベンチャーの様式化—カーター他の論文を中心にして—」『経営論集』第46号,東洋大学経営学部,45-62頁.
斎藤弘行(1997b)「企業文化における『文化性』概念の展開」『経営論集』第45号,東洋大学経営学部,13-28頁.
斎藤弘行(1998)「マネジメント文献における企業家および企業家精神」『経営論集』第48号,東洋大学経営学部,43-60頁.
斎藤弘行(2001)「学習する組織におけるユーモア性質」『経営論集』第51号,東洋大学経営学部,217-235頁.
斎藤弘行(2002)「リーダーシップのカリスマ性」『経営論集』,第55号,東洋大学経営学部,19-32頁.
坂下昭宣(2002a)「二つの組織文化論:機能主義と解釈主義」『国民経済雑誌』第186巻,第6号,神戸大学経済経営学会,15-28頁.
坂下昭宣(2002b)『組織シンボリズム論』白桃書房.
咲川孝(1998)『組織文化とイノベーション』千倉書房.
佐相邦英(2004)「チームパフォーマンス向上による安全文化の醸成」組織学会編『組織科学』第38巻,第2号,61-68頁.
佐竹隆幸(2000)「ベンチャー型中小企業の存立と中小企業政策」『商大論集』第51巻,第5号,神戸商科大学学術研究会・神戸商科大学経済研究所,301-351頁.
佐藤郁哉・山田真茂留(2004)『制度と文化』日本経済新聞社.
Schein, E. H. (1985) *Organizational Culture and Leadership*, Jossey-Bass (清水紀彦・浜田幸雄訳(1989)『組織文化とリーダーシップ—リーダーは文化をどう変革するか—』ダイヤモンド社).
Schein, E. H. (1991) "What is Cultures?" in: P. J. Frost et al. (Eds.) *Reframing Organizational Culture*, Sage, pp.243-253.
Schein, E. H. (1992) *Organizational Culture and Leadership*, Second Edition, Jossey-Bass.
Schein, E. H. (1999) *The Corporate Culture Survival Guide*, Jossey-Bass (金井壽宏監訳(2004)『企業文化—生き残りの指針』白桃書房).
Schermerhorn Jr., J. R., Hunt, J. G., and R. N. Osborn (1998) *Basic Organizational Behavior*, Second Edition, John Wiley and Sons.
Scheuplein, H. (1987) "Unternehmenskultur und Persönliche Weiterentwicklung," in: *Zeitschrift Fürung + Organisation*, No.5, pp.301-304.
Scholtz, C. (1988) "Organizationskultur: Zwischen Schein und Wirklichkeit," in: *Zeitschrift für Betriebswirtschaftliche Forschung*, Vol.40, No.3, pp.243-272.
Schumpeter, J. A. (1928) "Der Unternehmer," in: *Handworterbuch der Staatswissenschaften*, pp.476-487 (清成忠雄訳(1998)「企業家」『企業家とは何か』東洋経済新報社,1-51頁).
Schumpeter, J. A. (1950) *Capitalism, Socialism, and Democracy*, Third Edition, Harper and Row (中山伊知郎・東畑精一訳(1962)『資本主義・社会主義・民主主義』東洋経済新報社).
Scott-Mogan, P. (1994) *The Unwritten Rules of the Game*, McGrew-Hill (三澤一文・浪江一公・黒澤磨紀訳(1995)『会社の不文律』ダイヤモンド社).
Scott-Mogan, P., Hoving, E., Smit, H., and A. V. D. Slott (2000) *The End of Change: How Your Company Can Sustain Growth and Innovation While Avoiding Change Fatigue*, Mcgraw-Hill.

Seidel, E. (1987) "Unternehmenskultur," in: *Zeitschrift Fürung + Organisation*, No.5, pp.295-300.
Seligman, C. (1989) "Environmental Ethics," in: *Journal of Social Issues*, Vol.45, No.1, pp.169-184.
清水龍瑩 (1983)『経営者能力論』千倉書房.
白田佳子 (2003)『企業倒産予知モデル』中央経済社.
Silverzweig, pp., and R. F. Allen (1976) "Changing the Corporate Culture," in: *Sloan Management Review*, Vol.17, No.3, pp.33-49.
Simpson, J. A., and E. S. C. Weiner (1989) *The Oxford English Dictionary*, Clarendon Press.
Smircich, L. (1983) "Concepts of Culture and Organizational Analysis," *Administrative Science Quarterly*, Vol.28, pp.339-358.
ソニー広報部 (2001)『ソニー自叙伝』ワック.
祖父江孝男 (1976)『文化人類学のすすめ』講談社.
Specht, G. (1996) *Einführung in die Betriebswirtschaftslehre*, Schäffer-Poeschel.
Starbuck, W. H. (1992) "Learning by Knowledge-Intensive Firms," in: *Journal of Management Studies*, Vo.29, No.6, pp.713-740.
Steinmann, H., und A. L hr, (1988) "Unternehmensethik–Eine, Realistische Idee'," in: *Zeitschrift für Betriebswirtschaftliche Forschung*, Vol.40, No.3, pp.299-317.
Stevens, J. (1996) *Applied Multivariate Statistics for the Social Sciences*, Lawrence Erlbaum Associates.
Tannenbaum, A. S. (1966) *Social Psychology of the Work Organization*, Wadsworth.
Taylor, F. W. (1911) *Principles of Scientific Management*, Harper and Row (上野陽一編訳 (1957)「科学的管理法の原理」上野陽一編訳『科学的管理法』産業能率短期大学).
Tagiuri, R., and G. H. Litwin (1968) *Organizational Climate: Exploration of a Concept*, Harvard University Press.
高木晴夫監修 (2001)『アントルプレナー創造』生産性出版.
武井勲 (1987)『リスク・マネジメント総論』中央経済社.
高橋勅徳 (2003)「起業と文化の関連性」日本ベンチャー学会編『ベンチャーズ・レビュー』第4号, 97-106頁.
Tellis, G. J., and P. N. Golder (2002) *Will and Vision*, McGraw Hill (伊豆村寿一訳 (2002)『意志とビジョン』東洋経済新報社).
Timmons, J. A. (1977) *New Venture Creation*, Richard D. Irwin.
Timmons, J. A. (1994) *New Venture Creation*, Forth Edition, Richard D. Irwin (千本幸生・金井信次訳 (1996)『ベンチャー創造の理論と戦略』ダイヤモンド社).
Tjosvold, D., Yu, Z-Y., and C. Hui (2004) "Team Learning from Mistakes: The Contribution of Cooperative Goals and Problem-Solving," in: *Journal of Management Studies*, Vol.41, No.7, pp.1223-12445.
戸田俊彦 (1987a)「ベンチャービジネスの倒産と成功」『彦根論叢』第242号, 滋賀大学経済学会, 49-88頁.
戸田俊彦 (1987b)「ベンチャービジネスの倒産要因・成功要因」商工総合研究所『商工金融』昭和62年度第6号, 3-37頁.
遠山正朗 (2003)「企業文化論の基礎構造」遠山正朗編『ケースに学ぶ企業の文化』白桃書房, 1-24頁.
Trice, H. M. and J. M. Beyer (1984) "Studying Organizational Culture through Rites and Ceremonials," in: *Academy of Management Review*, Vol.9, No.4, pp.653-669.
辻村宏和 (2001)『経営者育成の理論的基盤―経営技能の習得とケース・メソッド』文眞堂.

辻村宏和・岡田由紀子 (2001)「企業合併と組織文化　文化変容理論からの考察」『経営情報学部論集』第 15 巻，第 1-2 号，中部大学経営情報学部，1-29 頁。

植村善太郎 (2001)「あいまいさへの耐性と集団同一性が新入成員への寛容的反応に及ぼす効果」『性格心理学研究』第 10 巻，第 1 号，27-34 頁。

梅澤正 (1990)『企業文化の革新と創造』有斐閣。

梅澤正 (2003)『組織文化　経営文化　企業文化』同文舘。

占部都美 (1974)『リーダーシップと行動科学』白桃書房。

Utterback, J. M. (1994) *Mastering the Dynamics of Innovation*, Harvard Business School Press（大津正和・小川進監訳 (1998)『イノベーション・ダイナミクス』有斐閣）.

Van Maanen, J., and S. R. Barley (1984) "Occupational Communities: Culture and Control Organizations," in: Staw, B. M., and L. L. Cummings (Eds.) *Research in Organizational Behavior*, Vol.6, pp.287-365.

Van Maanen, J., and S. R. Barley (1985) "Cultural Organization: Fragmentation of a Theory," in: Frost, P. J., Moore, L. F., Louis, M. R., Lundberg, C. C., and J. Martin (Eds.) *Organizational Culture*, Sage, pp.31-53.

Webber, R. A. (1969) *Culture and Management*, Richard D. Irwin.

Weeks, J., and C. Galunic (2003) "A Theory of the Cultural Evolution of the Firm: The Intra-Organizational Ecology of Memes," in: *Organization Studies*, October.

Wever, U. A. (1989) *Unternehmenskultur der Praxis: Erfahrungen eines Insiders bei Zwei Spitzenunternehmen*, Campus Verlag.

Willkins, A. L., and W. G. Ouchi (1983) "Efficient Cultures: Exploring the Relationship between Culture and Organizational Performance," in: *Administrative Science Quarterly*, Vol.28, pp.468-481.

Wilmott, H. (1981) "The Structuring Organizational Structure," in: *Administrative Science Quarterly*, Vol.26, pp.470-474.

Wilmott, H. (1993) "Strength is Ignorance; Slavery is Freedom: Managing Culture in Modern Organizations," in: *Journal of Management Studies*, Vol.30, No.4, pp.515-552.

Wilson, J. Q. (1966) "Innovation in Organization," in: Thompson, J. D. (Ed.) *Approaches to Organizational Deign*, University of Pittsburg Press, pp.193-218.（土屋敏明・金子邦男・古川正志訳 (1969)「組織革新―理論構築のための覚書き」『組織の革新』ダイヤモンド社，247-279 頁）.

Woodward, J. (1965) *Industrial Organization: Theory and Practice*, Oxford University Press（矢島鈞次，中村壽雄訳 (1970)『新しい企業組織―原点回帰の経営学―』日本能率協会）.

Wuthnow, R., and M. Witten (1998) "New Direction in the Study of Culture," in: *Annual Review of Sociology*, Vol.14, pp.49-67.

柳孝一 (2004)『ベンチャー経営論』日本経済新聞社。

柳孝一・藤川彰一 (1998)『改訂　ベンチャー企業論』放送大学教育振興会。

柳孝一・山本孝夫編 (1996)『ベンチャーマネジメントの変革』日本経済新聞社。

山川晃治 (1995)『ベンチャー企業経営の時代』産能大学出版部。

山城章 (1970)『経営原論』丸善。

安田龍平 (2002)『「起業」成功事例集』経林書房。

横尾陽道 (2004)「企業文化と戦略経営の視点」『三田商学研究』第 47 巻，第 4 号，慶應義塾大学商学会，29-42 頁。

横尾陽道 (2005)「企業文化と戦略経営の視点―『革新志向の企業文化』の分析枠組み―」日本経

営学会編『経営学論集』千倉書房, 第 75 集, 154-155 頁。
米倉誠一郎・板倉雄一郎 (2001)『敗者復活の経営学』PHP 研究所。
米倉誠一郎・川合一央 (1998)「事業戦略家としての技術者:井深大―ソニー」伊丹敬之・加護野忠男・宮本又朗・米倉誠一郎編『ケースブック 日本企業の経営行動 4 企業家の群像と時代の息吹き』有斐閣, 260-287 頁。
吉田和夫 (1996)『ドイツの経営学』同文館
吉田敬一 (1994)「日本型生産システムの再構築と中小企業の存立問題」『経済論集』第 19 集, 第 2 号, 東洋大学経済研究会, 1-20 頁。
吉田雅紀 (2002)『ベンチャー失敗の法則』国際通信社。
吉村克己 (2004)『全員反対!だから売れる』新潮社。
吉岡洋一 (2003)「起業から成長・発展・存続へのプロセスと存続戦略についての実践的考察」『流通科学研究』第 3 巻, 第 1 号, 中村学園大学流通科学部, 57-76 頁。
Zahra, S. A. (1996) "Technology Strategy and New Venture Performance: A Study of Corporate-Sponsored and Independent Biotechnology Ventures," in: *Journal of Business Venturing*, Vol.11, No.4, pp.289-321.
Zaltman, G., Duncan, R., and J. Holbek (1973) *Innovations and Organizations*, John Wiley and Sons.

索　引

欧文
DCF 法　41
IPO　146

ア行
曖昧性　77
安定性・存立　73
イニシアティブ　23, 54, 60, 67, 144, 147, 162, 174, 176, 181
イノベーション　6, 55, 59, 77, 129
　──の実施　83
　──のジレンマ　50
　──の創始　116, 119, 174
因子パターン行列　72
因子分析　71, 79
インフォメーションマネジメント　105
　──システム　101
『エクセレントカンパニー』　29
エッチング　138
エンジェル　82

カ行
ガーバーデータ　85, 132, 139, 175
　──編集システム　132, 147, 175
ガーバーフォーマット　139, 140
買換需要　154
解釈主義　35
下位文化　32, 62, 68, 80, 96, 171, 179
過去からの学習　74
画像処理ソフト　43
カリスマ性　144
感光材　137
企業家　1, 7, 9, 42, 46, 47, 92, 162, 179, 182
　──活動　1, 9, 10
　──精神　9
　──による柔軟性　74
　──の意思　40, 49, 50, 51, 53, 58, 59, 60, 70, 78, 80, 168, 169, 174, 176, 178, 179, 186
　──の意思の低下　74
企業価値評価　41
企業文化　33, 66
企業理念　118, 174
擬似相関　81
記述統計　79
技術の散逸　13
基本的仮定　46
協働体系　51
協働目的　51
グラフィカルモデリング　79
グラフィカルモデル　75
車椅子　115, 117
経営経済学　30
経験則　41
決定係数　75
顧客満足　132, 133, 134, 142, 175
国際品質規格　156
コミットメント　47
固有値　72
コングロマリット　128

サ行
座位保持　125
殺伐　73, 78, 81
残差　75
サンプリング　64
資金繰り　92
システムコンサルティング　88
質問票調査　57, 64
尺度　66
社内ベンチャー　4
主因子法　71
従業員の意思　49, 50, 51, 61, 73, 81, 168, 176, 180, 185
従業員の分散度　75
従業員の能力　186
純資産法　41

索　引

ジョイントベンチャー　112
進化　20
新結合　6
静電気除去器　149, 151
静電気除去装置　155
相関係数　69, 75, 79, 80
促進型下位文化　62, 63
組織文化　29, 32, 66
存立　10, 48, 77, 171, 178

タ行

対抗文化　62, 63
多言語情報管理システム　106
直販体制　155, 164
倒産　2
独立採算　108

ナ行

ナット・アイランド効果　62, 83
日本的経営論　34, 35
能率　51, 52

ハ行

パス係数　75
パラダイム　49
ビジネスモデル　23
標本抽出台帳　60, 68, 81, 163, 166, 187
不文律　58
フラットな組織　108, 173
プリント基板　132, 135, 136, 137, 143, 145, 175
プロマックス回転　71
文化　28, 30, 35, 58, 59
文化的コード　31
ヘルパー派遣事業　115, 123, 124, 173
ベンチャー企業　2, 8, 9, 16, 183
『──年鑑』　6
ベンチャーキャピタル　2, 8, 41, 82, 184

ベンチャー・ビジネス　3
ベンチャーブーム　8
ボストン・カレッジ・マネジメント・セミナー　3
ホットランナ　157, 177
　　──成形装置　149, 150
ボトムアップ　119
翻訳支援システム　101
翻訳支援ソフト　172
　　──ウェア　101
翻訳支援ツール　105, 173

マ行

ミーム　58
民主的な組織　169, 179, 187

ヤ行

有意水準　64, 66, 70
有効性　51
融通手形　142
用語管理ソフト　106

ラ行

ライフサイクル　36
　　──理論　18, 19
乱数表　64, 166
ランダムサンプリング　166
ランナレス　155, 156, 157
リーダーシップ　7, 22, 26, 33, 128, 143
利益追求　94
リチウムイオン電池　13
労働の精神　31

ワ行

和気藹々　73, 77, 78, 81
ワンマン性　45, 61, 62

著者略歴

小野瀬　拡（おのせ　ひろむ）
1978年11月生まれ
2006年 3 月　東洋大学大学院経営学研究科博士後期課程修了
　　　　　　博士（経営学）
　　　 4 月　九州産業大学経営学部専任講師
2010年 4 月　同　准教授
2015年 4 月　駒澤大学経営学部　准教授
2016年 4 月　同　教授
　　　　　　現在に至る

ベンチャー企業存立の理論と実際

2007 年 3 月 15 日　第 1 版第 1 刷発行　　　　　　　　検印省略
2017 年 4 月 5 日　第 1 版第 2 刷発行

著　　者	小　野　瀬　　　　拡	
発　行　者	前　　野　　　　隆	
	東京都新宿区早稲田鶴巻町 533	
発　行　所	株式会社 文　眞　堂	

電　話　03（3202）8480
Ｆ Ａ Ｘ　03（3203）2638
http://www.bunshin-do.co.jp
郵便番号（162-0041）振替 00120-2-96437

印刷・㈱キタジマ　製本・イマヰ製本所
Ⓒ 2007　定価はカバー裏に表示してあります
ISBN978-4-8309-4575-5　C3034